Udo Nix

ÜBERZEUGEND und LEBENDIG REDEN

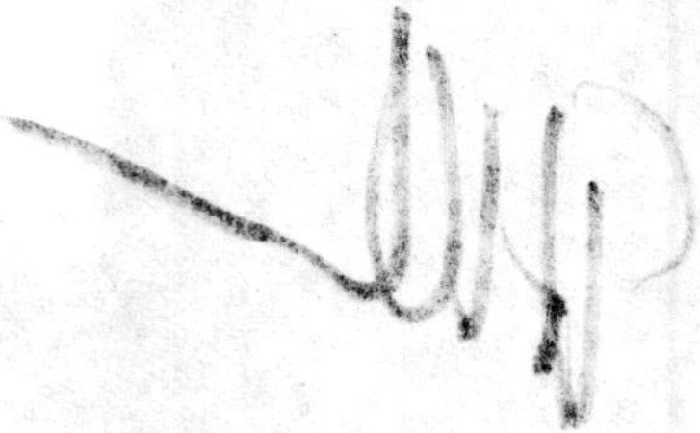

Udo Nix

ÜBERZEUGEND und LEBENDIG REDEN

So steigern Sie Ihre persönliche Ausstrahlungskraft

4. Auflage

mvg

Die Deutsche Bibliothek – CIP-Einheitsaufnahme

Nix, Udo Herbert:
Überzeugend und lebendig reden: so steigern Sie Ihre
persönl. Ausstrahlungskraft / Udo Herbert Nix. – 4. Auflage –
München : mvg-verl., 1995
(mvg-Paperbacks)
ISBN 3-478-02370-X

4. Auflage 1995

Umschlaggestaltung: Gruber & König, Augsburg
Druck- und Bindearbeiten: Presse-Druck Augsburg
Printed in Germany 020370/895802
ISBN 3-478-02370-X

Inhaltsverzeichnis

Vorwort

»Alles Gescheite ist schon einmal gedacht worden, man muß nur versuchen, es noch einmal zu denken« (Goethe). Das Zitat von Goethe stelle ich diesem Buch voran, um gleich zu Beginn die Zielrichtungen meiner Ausführungen aufzuzeigen.

Über gutes und erfolgreiches Argumentieren ist schon seit der Antike viel nachgedacht worden. Aber die Zeit steht nie still. Die Erkenntnisse über erfolgreiche Kommunikation haben gerade in den letzten Jahren in einem kaum vorstellbaren Umfang zugenommen, aber es fehlt noch weitgehend an deren Aufbereitung für die Praxis. Diesem Mangel möchte dieses Buch im Bereich der Argumentationstechnik so weit wie möglich abhelfen. Allein die Tatsache, daß von der gesamten Kommunikationsfähigkeit eines Menschen höchstens ein Drittel aktiviert ist, muß uns beunruhigen.

Vorwiegend in der Wirtschaft und auf dem politischen Sektor ist ein großer Nachholbedarf in der Diskussions- und Argumentationstechnik spürbar. Alles politische und wirtschaftliche Wissen kann letztlich nur fruchtbringend sein, also gesteckte Ziele erreichen, wenn es kommunikativ aufbereitet wird. *Wissen allein bedeutet wenig – aber kommunikativ angewandtes Wissen bedeutet Macht!*

Argumentieren müssen wir alle im Leben. Wir müssen unsere Behauptungen beweisen und mit Erfolg verteidigen. So soll dieses Buch leicht lesbar sein. Es wurde auf unnötige Fachausdrücke ebenso verzichtet wie auf umfangreiche Anmerkungen. Das Kapitel V als praktischer Übungsteil darf nicht isoliert gesehen werden, weil sonst Teile von Kapitel V unverständlich bleiben müssen. Der praktische Übungsteil setzt den Gesamtinhalt des Buches voraus. Dieses Buch ist aus meiner langjährigen Erfahrung im Kommunikations- und Argumentationstraining entstanden. Daher habe ich meinen vielen Seminarteilnehmern und Gesprächspartnern Dank zu sagen, denn ohne sie hätte dieses Buch nicht geschrieben werden können.

Bornheim-Walberberg Dr. Udo Herbert Nix

I. Die Voraussetzungen für eine erfolgreiche Argumentation

1. Was man über Kommunikation wissen sollte

Was ist Kommunikation? Diese Frage müssen wir uns als Grundsatzfrage stellen, wenn wir erfolgreich argumentieren wollen. Kommunikation ist eine Ich-Du-Beziehung. Ich trete mit irgendeinem Menschen in Kontakt – sei dies positiv oder negativ. Mein Ich wird von einem Menschen irgendwie tangiert. Wesentlich ist, daß mein Ich durch Kommunikation verändert wird, während ich eine Beziehung zum anderen aufbaue, in der ich Gedankengut preisgebe oder empfange. Kommunikation heißt, sich verständigen können und innere Vorgänge oder Zustände auszudrücken vermögen. Man kann Sachverhalte mitteilen, aber auch einen anderen Menschen zu einem bestimmten Verhalten beeinflussen.

Sprache und Kommunikation sind nicht identisch. Zwar ist Sprache auch immer Kommunikation, aber die Kommunikation umgreift die Sprache, denn es gibt auch Kommunikation, die nicht sprachbedingt ist (Gesten, Mimik, Lichtzeichen, Schriftzeichen, Morsezeichen, Bilder).

Bei jeder Kommunikation haben wir es mit drei Grundfaktoren zu tun:

1. die *Person, die etwas sagt (Kommunikator)*
2. die *Aussage (Message)*
3. die *Person, die das Gesagte aufnimmt und versteht (Rezipient)*.

Alle drei Glieder sind miteinander verbunden, so daß jedes auf die anderen einwirkt und umgekehrt. Die Glieder steuern einander wechselseitig, kontrollieren, korrigieren und regulieren einander durch gegenseitige Beeinflussung (vergl.: Gerhard Maletzke, Psychologie der Massenkommunikation, Hamburg

1963). Bei jeder mündlichen Kommunikation sind diese drei Faktoren die Grundelemente. Eine wichtige Rolle spielen sie aber vornehmlich bei der Argumentation. Deshalb baue ich auch dieses Buch auf diesen Faktoren auf.

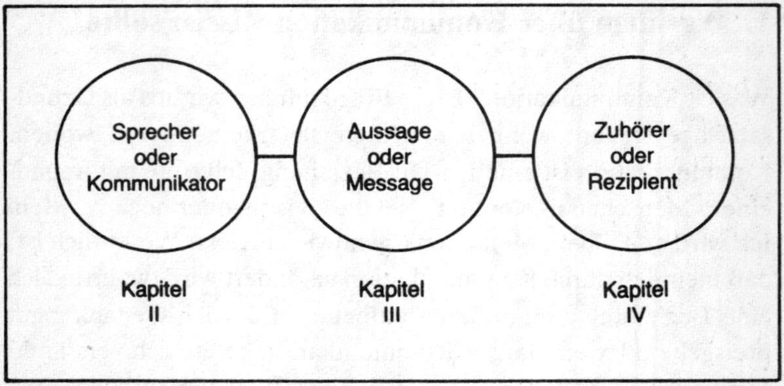

Selbstverständlich haben wir es in diesem Buch mit der mündlichen Kommunikation zu tun. Der schriftlichen Kommunikation fehlen wichtige Ausdrucksmittel: a) das visuelle Gegenüber, wie etwa beim Gespräch und b) der akustische Ausdruck, von dem wir später sehen werden, wie wichtig er ist. Fassen wir das bisher Gesagte in eine Kurzformel:

Bei jeder *Kommunikation* sollen wir beachten:

1. *wer sagt was,*
2. *mit welchen Mitteln,*
3. *zu wem?*

Schauen wir zunächst die Kommunikationspartner genauer an.

Der Sprecher (Kommunikator)

Der Sprecher ist jede Person, die eine Aussage produziert oder schöpferisch gestaltet. Es kommt hier darauf an, wie diese Aussage in Form und Inhalt zum Ausdruck gebracht wird. Dabei müssen wir wissen:

1. Wen wir ansprechen wollen. Sicherlich werde ich je nach Eigenart des angesprochenen Partners den Wortschatz, die Satzkonstruktion und auch die Sprechweise wählen. Größtenteils läuft dieser Gedankenprozeß instinktiv ab. Es ist die sprachliche Erfahrung, die uns hier zugute kommt. (Diese Erfahrung können wir vervollkommnen, wenn wir die in Kap. V angegebenen Übungen bewußt vollziehen.)

Vieles hängt davon ab, wie der Sprecher (Sprecher wird ganz allgemein verstanden) sich als Persönlichkeit versteht, vom Partner als Persönlichkeit eingeschätzt wird und nicht zuletzt von seiner sozialen Kontaktfähigkeit.

2. Entscheidend ist auch das Bild, das der Sprecher von sich selbst hat, und das andere von ihm haben. Das alles beeinflußt das Wie seiner Aussage. Das Image, das er hat, wirkt wie ein Filter, der mehr oder weniger sein Sprechen bestimmt (im Kap. II lernt der Leser sein Image zu entdecken und wirkungsvoll bei der Argumentation einzusetzen).

3. Was beeinflußt uns alles (meist unbewußt) beim Argumentieren? Es sind unsere persönlichen Eigenschaften charakterlicher und privater Art (Weltanschauung, Schulbildung, Familie, Beruf). Die Haltung gegenüber dem angesprochenen Partner bestimmt unsere Sprechweise nach Inhalt und Form. Sein Verständnis meiner Argumente beflügelt z.B. meinen Kommunikationsprozeß, während Aggressionen des Partners mich entscheidend hemmen können. Nicht zuletzt spielt meine seelische Verfassung eine Rolle. In seelischer Ausgeglichenheit werde ich leichter argumentieren können als in aggressiver Zerstreutheit. Dabei spielt die Zeit eine nicht unwesentliche Rolle, denn nicht zu jeder Tageszeit ist man gleich kommunikativ. Es hängt, je nach Temperament, vom Typ ab, wann schöpferische Höchstleistungen erzielt werden können. Jedenfalls ist es möglich, durch Engagement den Partner mitzureißen und inhaltliche Schwächen zu überbrücken. Später wird noch deutlicher werden (Kap. II),

wie sehr der Sprecher auf die Reaktionsfähigkeit seines Partners angewiesen ist. Es geht mir darum aufzuzeigen, wie sehr bisher kaum beachtete Faktoren im Kommunikationsprozeß des Argumentierens eine große Rolle spielen. Überdenken Sie einmal, was neben dem Hauptargument alles mindestens als Nebenargument gelten muß:

a) das *Image* meiner Person (Kap. II)
b) *Mimik* und *Gestik*
c) *Körperhaltung:* wo und wie sitze ich beim Gespräch
d) *mein Äußeres:* Kleidung, Frisur
e) bewußte und unbewußte *Gesprächspausen*
f) unbewußte und unkontrollierte *Reaktionen*

Es versteht sich von selbst, daß wir im einzelnen darauf zurückkommen müssen.

Der Zuhörer (Rezipient)

Der Zuhörer ist im Prozeß der Kommunikation jede Person, die eine Aussage entschlüsselt. Der Kommunikator ist also sinngebend, der Rezipient sinnehmend. Eine Aussage muß wenigstens in groben Zügen begriffen werden, wenn eine Wirkung erzielt werden soll. Alle psychologischen Prozesse, die sich beim Zuhören vollziehen, von der ersten Zuwendung bis zur letzten Wirkung, sind nur aus der personalen Totalität des Menschen her zu verstehen. Sämtliche Seiten, Komponenten oder Teilbereiche des Menschen sind am Prozeß des Aufnehmens beteiligt, etwa analog wie wir es oben vom Sprecher feststellten.

Auch der Zuhörer ist »manipuliert« in der Deutung und im Verstehen des Gesprochenen, wie weiter unten dargelegt wird.

Durch vielseitige, soziale Gegebenheiten ist jede Aussage, die er aufnimmt, in seinem Sinn gefiltert, denn in der Rolle des Zuhörers hat der Mensch schon vorgeprägte Meinungen und Klischees. Er ist gegenüber allen wahrgenommenen Aussagen bereits durch bestimmte Stellungnahmen und Anschauungen voreingenommen. Er hat schon eine Meinung, bevor er angesprochen wird. Wie schwer ist es, sein Argument wirkungsvoll anzubringen, wenn der Zuhörer eine entgegengesetzte Meinung hat?! Die Meinung spielt für die Argumentation eine so wichtige Rolle, daß ich die wichtigsten Erkenntnisse für den Leser kurz zusammenfassen möchte:

1. Jeder Mensch möchte eine eigene Meinung haben. Jeder möchte möglichst bald über das Neueste informiert sein, um sich eine eigene Meinung bilden zu können. Die Übernahme von fremden Meinungen erfolgt immer da ohne Komplikationen, wo keine Vorerfahrungen vorliegen.
2. Die Bekräftigung von Meinungen. Jeder sucht sich aus der Informationsfülle das heraus, was seine Meinung bestärkt, was ihm sagt, daß er richtig denkt. Jede Bekräftigung von Meinungen stärkt das Selbstbewußtsein und wird daher auf jeden Fall aufgenommen.
3. Eine Abschwächung von Meinungen ist verhältnismäßig schwierig, weil man fälschlicherweise glaubt, hier eine Konzession gemacht zu haben.
4. Eine Erweiterung bzw. eine Differenzierung von Meinungen vollzieht sich immer dann sehr gut, wenn keine Informationen vermittelt werden, die im Gegensatz zu den Meinungen stehen.
5. Die Umkehr von Meinungen ist am schwierigsten, vor allem bei erhärteten Meinungen oder Überzeugungen. Erhärtete Meinungen zu verändern ist parktisch fast unmöglich.
6. Durch Versuche hat man festgestellt, daß phantasievolle, begabte, verunsicherte und labile Personen leichter beeinflußt werden können als dumme, phantasielose und selbstsichere Menschen.
7. Der intelligente Mensch ändert im Prinzip schneller die Meinung als der dumme Mensch. Wie oft müssen wir im Alltag mit Recht die Meinung ändern, weil wir nicht alle Argumente, die

für oder gegen eine Sache sprechen, kennen. Der Dumme ist oft nicht in der Lage, Argumente zu verstehen, außerdem glaubt er eine Schwäche zu zeigen, wenn er seine Meinung ändert.

8. In einer Gruppe ist eine Meinungsänderung leichter zu erreichen. Wenn auch nur ein Teilnehmer bei einer Besprechung unsere Argumente unterstützt, haben wir meist leichtes Spiel. Sehr wichtig ist es, daß unsere Argumente in irgendeiner Form von einem anderen bestätigt werden. Damit erhöht sich die Beweiskraft.

9. In abgelenkten Situationen ist eine Meinungsänderung leichter erreichbar, da dann die Überredungsabsicht nicht erkannt wird.

10. In persönlichen Krisensituationen ist der einzelne gegenüber Argumenten gläubiger als in normalen Situationen.

Diese zehn Kurzinformationen sollen zum Nachdenken anregen. Da wir mit Argumenten meistens gegen Meinungen ankämpfen müssen, müssen wir wissen, wo die größten psychologischen Widerstände beim Partner anzutreffen sind. Meist werden logische Argumente gegen festgefahrene Meinungen nichts ausrichten. Dann zählt nur ein Hauptargument: die Wirkkraft meiner eigenen Person. Deshalb müssen wir dieser Tatsache auch ein ganzes Kapitel widmen (Kap. II). *Nur die Wirkkraft meiner eigenen Persönlichkeit vermag den oft harten Panzer der Unbelehrbarkeit zu durchstoßen.*

Wir wählen meist diejenigen Aussagen aus, die unseren Interessen, unserer Intelligenz und unserer augenblicklichen Stimmung am meisten zu entsprechen scheinen. Der Zuhörer kann also leicht Informationen überhören, die ihn weniger interessieren. Auch die Wertung der Information spielt hier eine nicht unbedeutende Rolle. Hierzu ein Beispiel: Auf die Frage an einen CDU-Wähler, warum er CDU wähle, wußte er – nach seiner Meinung natürlich – alle Vorteile der CDU und alle Nachteile der SPD. Ein SPD-Wähler konnte umgekehrt alle Vorteile der

SPD und alle Nachteile der CDU angeben. Beide Wähler waren also in ihrer Wahrnehmung und im Auffassen von politischen Gegebenheiten von ihrer politischen Anschauung her bereits vorgesteuert. Hier wird das richtige Zuhören-Können zu einem Problem (vergl. Kap. IV, 3). Mindestens 50 Prozent aller Kommunikationshandlungen liegen im Bereich des Zuhörens. Wenn dem so ist, dann unterliegt das richtige Zuhören-Können ebenfalls einem neuen Lernprozeß.

Es kommt vorerst nicht darauf an, wie die Aussage wirklich ist, sondern wie der Zuhörer (Rezipient) sie sieht und wertet, bevor er ihr entgegentritt. Werden Aussagen ausgewählt, die mit den Meinungen des Zuhörers übereinzustimmen scheinen, findet er seine Meinung bestätigt (kognitive Konsonanz). Dagegen werden Aussagen, die seinen Vorstellungen nicht zu entsprechen scheinen, in einer Art Selbstschutz zurückgewiesen (kognitive Dissonanz). Die voreingenommene Meinung kann als Hauptfaktor dieses Auswählens angesehen werden. Man kann also mit Recht sagen, daß viele Entscheidungen schon vor der eigentlichen Argumentation festliegen. Daß man sich hier ungeahnten Schwierigkeiten gegenüber sieht, wird jeder einsehen müssen. Dennoch besteht die Möglichkeit, den Partner zu beeinflussen, wie in diesem Buch gezeigt werden soll. Die Vorstellung von der Aussage entwickelt eine bestimmte Erwartungshaltung. Wenn diese Erwartungen voll erfüllt werden, dann ist sowohl ein Optimieren an positiver Bewertung gegeben, wie auch ein Maximieren an Wirkung gegeben ist. Wenn aber das Erwartete nicht kommt, dann folgen Ärger und Enttäuschung. Die Wirkung ist dann gleich Null.

Der Zuhörer kann aber auch eine Mitteilung als einzelner oder in der Masse aufnehmen. Jeweils wird sein Verhalten anders sein. Die Masse lebt vom Schlagwort und von der Phrase. Sie ist jedenfalls nicht bereit, logische Filigranarbeit zu leisten. In der Masse, auch schon in kleinen Gruppen, unterliegt der hörende

Mensch massenpsychologischen Gesetzen, die eine Aussage vereinfachen und nivellieren. Die Frage sei nun an uns gestellt: Wieviele Argumente des Zuhörers sind Massenware, die er aus Presse und Fernsehen aufnimmt, und wieviele Argumente sind wirklich durchdacht und überzeugen? Müssen wir nicht oft gegen Argumente ankämpfen, die unser Partner einfach übernommen hat und die für ihn Allgemeingültigkeit haben, weil sie durch Massenmedien verbreitet wurden? Hier läßt sich sicher leicht nachweisen, daß allgemeine Argumente für den speziellen Fall wohl kaum Beweiskraft haben können. Der Zuhörer macht sich immer ein bestimmtes Bild von seinem Partner (wie umgekehrt ja auch). Es ist überaus wichtig, wie er seinen Gesprächspartner sieht. Er kann für ihn Informationsvermittler und undurchschaubare Autoritätsperson, aber auch Freund und Berater sein. Sein Verständnis vom Kommunikator wird das Aufnehmen, das Verstehen und die Wirkung des Ausgesagten variieren.

Kommunikation heißt nicht nur Sprechen und Verstehen, sondern auch Führen. Wenn ich argumentiere, führe ich den Partner, er soll so handeln, wie ich es wünsche. Führen durch das Wort ist sicher die unmittelbarste und ursprünglichste Form des Führens. Wer führt, informiert nicht nur, sondern setzt Ziele und motiviert sich und seinen Partner. *Der Führende muß so handeln, daß er die Individualität und Sozialität des Geführten achtet und seine Freiheit nicht antastet. Argumentationstechnik hat es daher weder mit billigen Kniffen noch mit Überrumpelung des Partners zu tun. Argumentieren heißt, durch sich und durch Argumente zu überzeugen.*

Wo liegen nun Mängel, die weitgehend beseitigt werden können, vorausgesetzt wir sind bereit, neue Erkenntnisse zu akzeptieren und zu verwirklichen, auch wenn sie unseren bisherigen traditionellen Kenntnissen widersprechen sollten?

Zunächst sind viele Menschen nicht fähig, sich selbst zu steuern und zu motivieren. Sie sind auf Außensteuerung angewiesen und fällen nur selten Entscheidungen von Gewicht. Durch Minderwertigkeitskomplexe fehlt es sowohl an einer gefestigten Selbstdarstellung als auch an gekonnter Kommunikation. Das Training in der Eigensteuerung (Kap. V) soll durch gezieltes Motivieren Abhilfe schaffen, was auch gelingt, wenn der Mensch sich auf seine Qualitäten besinnt. Zu diesem ganzen Fragenkomplex gehört die Motivationslehre, die erst in den letzten Jahren zu einer Eigenwissenschaft in der Kommunikationslehre herangereift ist. Es ist kaum zu glauben, wie sehr der heutige Mensch unter Mindergefühlen, sozialen Ängsten, neurotischen Antriebsschwächen, Resignation oder Niedergeschlagenheit leidet. Alle diese *Kommunikationsschwächen* können durch gezieltes Training behandelt und behoben werden, damit der Mensch im Beruf, in der Familie oder auch in der Politik wieder volle kommunikative Leistungen erbringen kann.

Dieses Buch soll aufzeigen, was einer kann, und nicht bloßstellen, was man nicht kann. Meine Erfahrungen einer fast zwanzigjährigen Praxis im Kommunikationstraining sollen diesem Buch zugute kommen.

Störfaktoren in der Kommunikation

Der Mensch wird in seinem kommunikativen Verhalten und Erleben sehr stark durch seinen jeweiligen Partner und dessen Reaktionen gesteuert. Es sind dies meistens nicht nur die Reaktionen auf die letzte eigene Aussage, sondern das gesamte Bild vom Partner steuert diese Aussage, das heißt, je nachdem, was Sie für einen Partner vor sich haben, sagen Sie etwas so und nicht anders. Die vermutlichen Reaktionen des Zuhörers nimmt der Sprecher in seiner Aussage vorweg und diese vorweggenommenen Antworten beeinflussen bereits die Aussage entscheidend. Ob und wieweit nun dieser Vorgriff in die Zukunft richtig oder falsch war, wird zu einem Teil am Erfolg oder Mißerfolg der eigenen Aussage kontrolliert. Diese Erfahrung geht dann mehr oder weniger bewußt als Richtlinie in den weiteren Kommunikationsprozeß ein. Man könnte sich also sagen: »Der reagiert ja ganz anders, als ich dachte.« Man wird vorsichtig und formuliert anders. Begegnen sich zwei Menschen, so entwickelt sich bei beiden oft sehr schnell und differenziert ein Bild vom Partner und dieses Bild muß sich jeder machen, wenn er den anderen ansprechen will.

Wir wissen sehr genau, wie sehr das Gefühlsmäßige das Vernünftige verdrängen kann. Die Information in ihrem rationalen Wert wird oft überhaupt nicht erfaßt. Gefühlsbetonte Menschen sind sehr schwer zu überzeugen. Je geringer die Bildungsstufe, desto schwieriger ist es, den Partner mit rationalen Argumenten zu überzeugen. Hier wird schon einsichtig, warum so viel Wert auf die Wirkkraft der eigenen Person als Hauptargument gelegt werden muß.

Daß jede Kommunikation nicht immer störungsfrei verlaufen kann, ist uns aus Erfahrung bekannt:

1. Zunächst können körperliche Mängel die Kommunikation empfindlich stören. Es sind Störungen am Äußeren der Person, die nicht selten auch zu Minderwertigkeitskomplexen führen. Als Störungsquelle im körperlichen Bereich muß man die sprechtechnischen Störungen anführen, etwa: zu schnelles Sprechen, zu leise Stimme oder direkte Sprechfehler (Stottern, Lispeln). Da alle diese Fehler den Partner demotivieren, müssen sie als erhebliche Störungen der Kommunikation angesehen werden.

2. Auf der anderen Seite haben wir es mit psychologischen Störungen zu tun. Bildungsunterschiede sind fast immer Kommunikationsstörungen, weil der Partner in der Angst, sich zu blamieren, eine Kommunikation scheut. Das ist schon deshalb eine meist irrige Einstellung, weil jeder in seinem Fachbereich bestimmt eine Menge weiß (als Kommunikationswissenschaftler lasse ich mich z.B. gerne von einem Maurer oder Architekten

beraten, wenn es um Umbauten geht). Selbstverständlich sind neurotische Störungen jeder Art sicherlich hinderlich für einen erfolgreichen Kommunikationsprozeß. Auch charakterliche Schwächen (etwa: Egoismus) stören sehr kommunikative Beziehungen, denn Kommunikation ist niemals eine »Einbahnstraße«. Beide Partner haben das Recht, zu Wort zu kommen.

3. Eine wichtige Störquelle ist die Typisierung des Partners. Man hat eine gewisse Vorstellung von einem Menschen. Ob sie nun stimmt oder nicht, ganz gleich, was der Betreffende sagt, die Aussage wird immer unter dem Blickwinkel des Typs gesehen. Das Bild des Partners bestimmt auch den Wert seiner Aussage (ob und wie er ernstgenommen wird). Man analysiert also gar nicht das Gesagte, sondern man analysiert den Typ. Hierin liegt das größte Mißverständnis. Man interpretiert eine Aussage nicht auf ihren richtigen Wert hin, sondern von einer Klischeevorstellung aus (man spricht von: *die* Beamten, *die* Studenten, *die* Unternehmer . . .). Eine solche Verallgemeinerung ist nie ein Argument, sondern eine grobe Ungenauigkeit im Denken.

Die Störungen im sprachlichen Bereich sind so wichtig (Wort, Satzbau), daß sie in eigenen Abschnitten behandelt werden müssen (Kap. I, 2a, b).

Wie kann ich diesen Störungen beim Partner begegnen? Es ist einfacher als man denkt. Die wenigsten Menschen sind sich bewußt, daß man bei jedem Gespräch *Artikulationshilfe* leisten kann. Was versteht man darunter?

1. Ich gebe meinem Partner bereits während seiner ganzen Ausführungen zu erkennen, daß ich ihn schon verstanden habe. Etwa: »Sicher, Sie haben recht«, »das leuchtet mir ein« und »das kann ich Ihnen jetzt schon sagen, da bin ich anderer Meinung«. Es kommt darauf an, dem Partner das mühevolle Aussprechen zu erleichtern, ohne ihn jedoch bloßzustellen. Aber nicht etwa: »ich habe schon verstanden, was Sie sagen wollen«. So machen Sie indirekt den Partner auf seine Hemmungen aufmerksam. Die

Kommunikationsstörungen werden sofort größer, weil Ihr Gegenüber seine Störungen entdeckt glaubt.
2. Geben Sie während des Gesprächs – und das ist äußerst wichtig – dem Partner zu verstehen, daß Sie ihm zuhören, etwa durch ein eingeworfenes »Ja« oder »Nein«, durch eine Frage oder auch durch ein Kopfnicken und die entsprechende Mimik. Dadurch wird jeder angeregt, weiterzureden. Dieser zweite Punkt gilt für jedes Gespräch. Passives Zuhören (ohne Reaktionen) läßt jedes Gespräch bald verstummen. *Aktives Zuhören* (mit Reaktionen) begeistert jeden Partner, weiterzureden. Dazu kommt noch, daß ich durch meine Reaktionen in meinem Gesprächspartner neue Sprechenergien freisetze.

Wann findet nun Kommunikation statt? Jedenfalls nicht nur, wenn wir sprechen und hören, also beim eigentlichen Kommunikationsprozeß.

Wir unterscheiden noch eine *präkommunikative Phase* und eine *postkommunikative Phase.* Was geschieht vor und was geschieht nach einem sprachlichen Kommunikationsprozeß?

Haben Sie sich eigentlich schon einmal darüber Gedanken gemacht, was alles schon passiert, bevor Sie mit einem Menschen sprechen?
1. Ihr Partner hat eine Meinung von Ihnen, die sich positiv oder negativ auf die Verhandlung auswirken kann. Bevor der eigentliche Kommunikationsprozeß beginnt, können Argumente, Beweise, Anschauungen, Überzeugungen und vielleicht sogar das Ergebnis schon bei Ihrem Partner festliegen. Am Anfang Ihrer Argumentation müssen Sie unbedingt diese Meinung bei Ihrem Partner feststellen, um ihr begegnen zu können.
2. Jeder Mensch ist im Aufnehmen selektiv, das heißt, er wählt das aus, was seinem Wissen, seinem Wollen, seinen Neigungen und seinen Zielen am besten zu entsprechen scheint. Wie hat Ihr Partner sich vorbereitet und welches Material steht ihm zur Verfügung? Was schätzt Ihr Partner an Ihnen – was nicht?

Welche äußeren Bedingungen (Streß, Konferenzraum, Familie usw.) beeinflussen den Partner, bevor die eigentliche Kommunikation überhaupt stattfindet? Wir sind der Meinung, daß man diese *vorkommunikative Phase* unbedingt bei jeder Argumentation stärker berücksichtigen muß, wenn eine wirkungslose Argumentation vermieden werden soll.

Die Nachbereitung der Kommunikation, also die *nachkommunikative Phase,* scheint uns ebenso wichtig zu sein. Wann wirkt eigentlich ein Argument – während es ausgesprochen wird oder erst nachher (vielleicht sehr viel später)? Man kann tatsächlich davon ausgehen, daß die Beweiskraft eines Arguments einem Menschen oft erst viel später bewußt wird. Es ist nachgewiesen worden, daß in einem bestimmten zeitlichen Abstand die Wirkung eines Gesprächs ansteigt, weil über eine Zeitspanne hinweg die Schlagkraft eines Arguments dem Partner bewußter werden kann. Die Aussage muß so gestaltet und übermittelt werden, daß die Aufmerksamkeit auch nach dem Gespräch nicht erlischt. Man erreicht die relativ größte Wirkung, wenn der Partner sich noch keine Meinung gebildet hatte.

Damit in der postkommunikativen Phase die Wirkung des Argumentierens anhält, müssen vier Bedingungen erfüllt werden:

1. Die Aussage muß vom zu beeinflussenden Partner voll wahrgenommen werden.

2. Die Aussage muß mit der Denkweise des Partners übereinstimmen. Ist das nicht der Fall, wird sie zurückgewiesen.
3. Die Verhaltensweise, die man beim Gegenüber erreichen will, muß von diesem als ein Weg angesehen werden, seine eigenen Interessen zu erreichen.
4. Der Partner muß Gründe und Motive für seine beabsichtigte Handlung haben.

Das sind wichtige, grundlegende Kommunikationsgesetze der

Argumentationstechnik. Es folgen nun spezifische Voraussetzungen.

2. Die vier sprachlichen und psychologischen Grundprinzipien der Argumentation

Das Wort

Kommunikation heißt gezieltes Handeln. Ein Kommunikationstraining oder auch Erörterungen über Kommunikation sind nie nur theoretisch zu verstehen, sondern haben immer praktische Bedeutung (so auch in dem vorliegenden Buch). Es gibt eine Menge Kommunikationsstörungen, die mindestens erkannt, wenn nicht behoben werden müssen, falls Argumentieren erfolgreich sein soll. Bestimmt sind Millionen Möglichkeiten denkbar, wie man kommunikativ sein kann. Erstaunlich ist aber: Höchstens ein Drittel der gesamten Kommunikationsfähigkeit beim Menschen ist aktiviert. Siebzig Prozent der gesamten Kommunikation liegen im Hören und Sprechen. Es kommt aber darauf an, besonders durch ein Kommunikationstraining möglichst viele beim Menschen brachliegende Kommunikationsmöglichkeiten zu aktivieren. Das ganze Kapitel V ist darauf abgestellt, wie man mit Kommunikationsschwierigkeiten fertig werden kann.

Ein chinesisches Sprichwort lautet: »Wenn einer Hunger hat, dann gib ihm einen Fisch, dann wird er für einen Tag satt. Besser aber ist es, Du lehrst ihn das Angeln, dann hat er für sein Leben genug.« Dieses Sprichwort ist vielsagend. Durch die diversen Übungen eines Kommunikationstrainings lernt man das »kommunikative Angeln« (die gesamte Kommunikationsfähigkeit wird erweitert), dann wird man den meisten kommunikativen Schwierigkeiten gewachsen sein. Aber ist das so leicht? Es wird sicherlich einfacher, wenn wir die Erörterungen über das Wort, den Satzbau, den Ton und die Situation sehr ernst nehmen.

»Jede Sprache ist ein Weg, um uns die Welt in das Eigentum des Geistes umzuschaffen« (Wilhelm von Humboldt). Was meint Humboldt mit dieser These? Die Dinge der Welt spielen nur dann in unserem Handeln eine Rolle, wenn wir sie worthaft und satzmäßig formuliert haben. Das Wort ist ein Zugriff auf die Wirklichkeit.

Ein großes Problem liegt darin, daß der Zuhörer nie ganz den Sinnwert eines Wortes so versteht, wie der Sprecher ihn meint oder selbst versteht. Das Hören des Partners ist beeinflußt oder sogar gesteuert. Verschiedene Faktoren werden hier wirksam:

1. Das Wissen und die Erfahrung, die der Zuhörer mit dem Wort verbindet.
2. Werturteile, die der Zuhörer mit dem Wort verbindet.
3. Wünsche, die der Zuhörer mit dem Wort verbindet (jeder hört das, was er gerne hören möchte).
4. Die Interessen, die der Zuhörer mit dem Wort verbindet.
5. Die Bildungsstufe des Zuhörers bestimmt den Interpretationsgehalt (= das Wortfeld) mit.

Das gehörte Wort wird mehr oder weniger vom Zuhörer gefiltert, das heißt sinngemäß erweitert oder verkürzt. Es kommt zu kleinen Verschiebungen oder Unterschieden zwischen dem intendierten und dem gehörten Wort. Diese Differenz bezeichnet man sehr treffend mit dem Ausdruck »Dialogische Differenz«. Schematisch läßt sich das mit Kreisen darstellen:

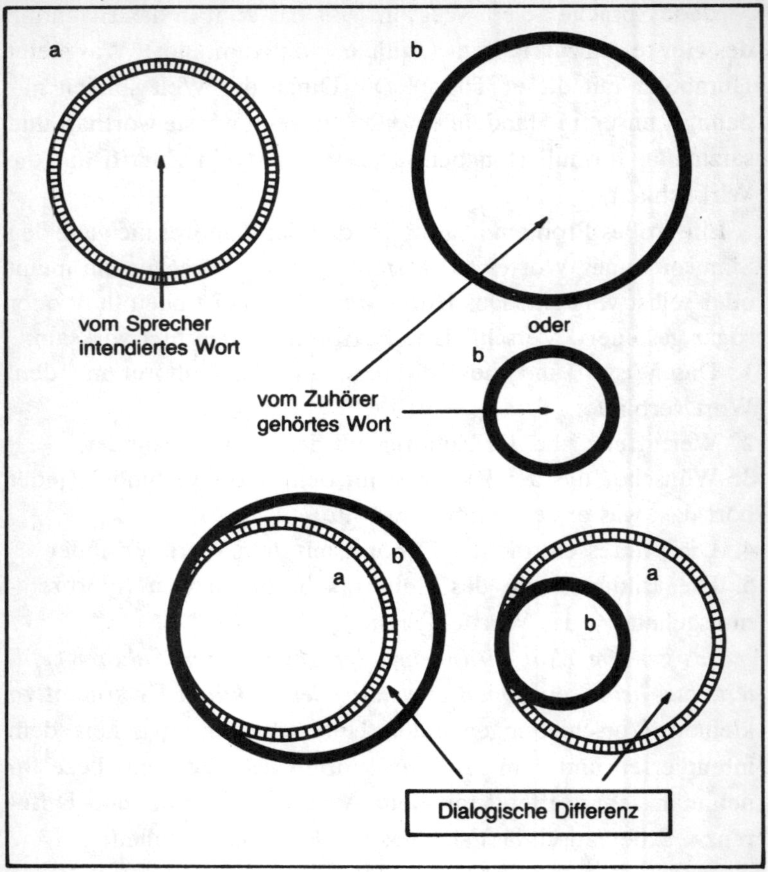

Nur wenn der Hörer mit dem Sprecher identisch wäre, wären Wortkern und Wortfeld total gleich, also die Kreise für Gesprochenes und Gehörtes (= Verstandenes) würden sich decken.

Es kommt darauf an, die Dialogische Differenz möglichst klein zu halten. Fremdwörter, die nicht verstanden werden, Abkürzungen, unklare Ausdruckweisen usw. – alles dies macht die Verständigung schwieriger (vergl. Kap. I, 3).

Wie erkennt man Dialogische Differenzen?

1. An den Reaktionen des Zuhörers. Er reagiert falsch oder überhaupt nicht.

2. An falschen Fragen des Zuhörers. Hätte der Zuhörer alles richtig verstanden, hätte die Frage so nicht mehr gestellt werden dürfen.

Ist man nicht sicher, ob man richtig verstanden worden ist, sollte man das durch Rückfragen feststellen.

Dialogische Differenzen entstehen natürlich leicht, wenn Gehörtes weitererzählt wird. Eine kleine Übung wollen wir hier vorwegnehmen. Der folgende Text schildert kurz einen Verkehrsunfall. Man schickt 5 oder 6 Teilnehmer eines Kurses vor die Tür (damit sie den Text nicht hören) und liest den Text vor. Einer wird nun hereingebeten und ein Kursteilnehmer erzählt ihm den Inhalt des Textes. Dann wird der nächste hereingebeten und dieser hört von seinem Vorgänger den Inhalt des Textes. Es ist kaum zu glauben, wie sich die Aussagen verschieben. Der letzte Teilnehmer weiß vielleicht noch etwas von einem Verkehrsunfall zu erzählen, aber viele Einzelheiten sind verdreht, verfälscht oder vergessen.

Hier der Text:

»In Gedanken versunken spazierte ich gestern über den rechten Bürgersteig in der Goethestraße. Mein Gott, dachte ich, ist das doch wieder ein Autoverkehr. Vor lauter Lärm kann man sich noch nicht einmal die schönen Auslagen in den Schaufenstern ansehen. Plötzlich gab es hinter mir einen fürchterlichen Knall. Ich sah, wie zwei Autos frontal aufeinandergeprallt waren. Im selben Augenblick hörte ich auch furchtbare und gellende Schreie. Durch den Menschenauflauf konnte ich zunächst nichts sehen. Ich ging einige Schritte zurück und sah, wie Passanten zwei Personen aus einem Auto zerrten. Die Polizei war sofort zur Stelle. Sie riegelte die Unglücksstelle ab und drängte die Menschen zurück. Zu meiner Erleichterung las ich am anderen Tag in der Zeitung, daß die beiden Personen nur leicht verletzt worden waren.«

Diese Übung kann man auch im privaten Kreis durchführen. Sie fördert sowohl die genaue Ausdruckweise als auch das aufmerksame Zuhören.

Selbstverständlich sollte ein Gesprächspartner fragen, wenn er etwas gar nicht oder nicht genau verstanden hat. Oft wird es aus falscher Scheu nicht getan. Besonders bei Gesprächen über wirtschaftliche Dinge werden bei Nichtverständnis keine Fragen gestellt. Man glaubt eben, dem Gesprächspartner wissensmäßig nicht ebenbürtig zu sein.

Auf keinen Fall darf ein Sprecher seinen Partner bloßstellen bei einer Dialogischen Differenz, indem er etwa sagt: »Sie haben das nicht ganz verstanden (noch schlechter: mitbekommen)«. In einem solchen Fall wäre es besser, den Sachverhalt noch einmal variiert zu formulieren, ohne daß der Gesprächspartner diese Kommunikationshilfe merkt. Ganz schlecht ist es, den anderen zu blamieren. Das führt zu Aggressionen und meist auch zu überhöhten Forderungen, wenn es sich um ein Verkaufsgespräch handeln sollte.

Es sei nebenbei bemerkt, daß man bewußt eine Dialogische Differenz erzeugen kann, um nicht verstanden zu werden, etwa in der Politik.

Der Satzbau

Die Rede ist keine Schreibe (Vischer). Das ist ein elementarer Satz. Fügen wir einen zweiten hinzu: Oft sind gesprochene Sätze zu lang und können deshalb gar nicht verstanden werden. Die

Gesetze des Schreibstils sind wesentlich anders als die des Redestils. Das nicht zu beachten, ist ein Hauptfehler in Parlamenten, aber auch in der Argumentationstechnik. Viele sprechen einen Schreibstil. Sicher gebraucht man bei der Argumentation einen anderen Stil als etwa in der Familie, aber ein anderer Stil berechtigt nicht zu geschraubten Sätzen. Sprache hat sich erst dann im tiefsten Sinn erfüllt, wenn sie gesprochen wird. Der Unterschied zum Schreibstil soll in Merksätzen formuliert werden:

1. *Immer nur kurze Sätze.* Keine zwei Argumente in einem Satz. Der Zuhörer kann nicht zurückblättern, wenn er einen Satz nicht verstanden hat, was der Leser natürlich kann. Ist ein Satz mit einem wichtigen Argument nicht verstanden, kann vielleicht die gesamte Argumentation nicht mehr verstanden werden. Ein Satz, der zeitlich länger als vier Sekunden dauert, kann nur schwer erfaßt werden.

2. *Die wichtigsten Argumente müssen wörtlich, teilweise oder variiert wiederholt werden* (Gesetz der Wiederholung). Ein Argument wird beim ersten Hören in der Tragweite und Tiefe, wie ich es wünsche, vom Partner nicht voll erfaßt. Das geht viel zu schnell am Ohr vorbei. Der Zuhörer hat keine Möglichkeit nachzulesen, wenn er einen Inhalt nicht voll erfaßt hat.

3. *Sprechen und Hören sind Augenblickshandlungen, die Schreibe nicht.* Die Zeitung von heute können Sie auch nach fünf Jahren noch lesen, falls Ihnen das Spaß machen sollte. Was akustisch oder inhaltlich nicht verstanden worden ist, bleibt unverstanden. Deshalb muß man seinen Partner beobachten, ob er alle Inhalte wahrgenommen hat.

Im Deutschen ist der Satzbau sehr kompliziert, deshalb auch im Verstehen relativ schwer. Das Deutsche kennt den Klammersatz, das heißt, man muß den Anfang und das Ende des Satzes im Ohr haben, um ihn richtig zu verstehen. Z.B.: »Ich gehe spazieren.« »Ich gehe – morgen – mit meinem Freund – falls schönes

Wetter ist – im Park – usw. – spazieren.« Man bedenke auch, daß zum Satzbau der Ton hinzu kommt, der nicht nur den Sinn des Satzes erhellt, sondern dem Satz auch den Gefühlswert gibt (z.B. ironisch, froh oder resigniert).

Das Hörbare (der Ton)

Jede Sprache hat zwei wesentliche Komponenten:
1. der Inhalt
2. das Hörbare.

In diesem Abschnitt geht es um etwas Entscheidendes, denn *der Mensch reagiert nur zu zwanzig Prozent auf den Inhalt, aber zu achtzig Prozent auf den Ton.* Dadurch wird dem Zuhörer erst deutlich, wie es gemeint ist. Der Ton ist der Beweggrund für meinen Partner. Der Ton des gesprochenen Wortes geht ins Unterbewußtsein und löst so Reaktionen aus. Der Ton ist das wesentliche Argument im Verständnis der Sprache. Er bestimmt den Inhalt. Das sei an einem Beispielsatz gezeigt:
»Das Buch gehört mir«, trägt vier Bedeutungsmöglichkeiten in sich, je nachdem, welches Wort betont wird.
»Das Buch gehört mir (nicht das andere)«.
»Das *Buch* gehört mir (nicht das Heft)«.
»Das Buch *gehört* mir (ich habe es nicht geliehen)«.
»Das Buch gehört *mir* (nicht Dir)«.

Das lautlich Hörbare entscheidet im Verständnis des Arguments fast alles, nämlich
1. Der Zuhörer nimmt durch meinen Ton wahr, wie ehrlich ich das Argument meine. Unehrlichkeit in der Argumentation merkt der Zuhörer schneller als wir denken. Aalglattes und arrogantes Sprechen hört der Sprechende oft selber gar nicht. Im Ton kann man sein wahres Wesen kaum verleugnen.
2. Im Hörbaren kommt das Engagement und die Begeisterung des Sprechenden zum Ausdruck und löst Reaktionen beim Part-

ner aus. Wie wir noch sehen werden, wirkt das Hörbare auf den Partner stärker als das Argument selbst.

Man kann das Hörbare nicht hoch genug bewerten. Es kommt immer darauf an, wie man ein Argument formuliert. Ein bestimmtes Argument hinterläßt bei einem Sprecher keine Wirkung, bei einem anderen ist gerade dieses Argument der Hauptentscheidungsfaktor. Es kommt eben darauf an – um es noch einmal zu betonen – wie man das Argument im Hörbaren gestaltet. Drei Beispiele mögen dies weiter verdeutlichen. Ich kann eine Zahlenreihe von 1 bis 10 im Ton so variieren, daß verschiedene Geschichten entstehen, obwohl ich inhaltlich gar nichts ändere (ich zähle ja jeweils von 1 bis 10). Oder: Ich kann sagen: »Sie sind mir ein feiner Herr.« Inhaltlich wäre das ein Kompliment, aber es hört sich trotzdem wie eine Beleidigung an. Oder: »Heute só, morgen só« – ein Kompliment. Dagegen: »Heute só, morgen sò« – genau das Gegenteil: eine Beleidigung.

Wie es wirklich gemeint ist, läßt sich also nur am Ton feststellen. Mehr noch: Ich könnte meinem Gesprächspartner meine Argumente alle schriftlich hinterlassen. Warum tue ich das nicht? Durch meine Überzeugungskraft (also durch den Ton) versuche ich, das Argument auch wirklich überzeugend auszudrücken. Allein das Hörbare setzt inhaltliche Schwerpunkte. Durch Lesen findet der Gesprächspartner ungenauer heraus, was für ihn wichtig ist. Das kann ich ihm besser durch hörbare Schwerpunkte klarmachen. Durch die Betonung gebe ich außerdem noch einen Kommentar, wie das Gehörte verstanden werden soll. Was zwischen den Zeilen wahrgenommen werden soll, kann ohne Mühe im Ton ausgedrückt werden. Der Ton ist also viel gehaltvoller als die Schrift. Der Ton macht die Musik! Gerade durch die Betonung manifestiert sich meine Zielstrebigkeit, also was ich beim Partner erreichen will. Sehr wohl kann auch ein guter Inhalt durch fehlendes Engagement im Ton verwässert werden.

Doch der Ton hat noch mehr Vorteile gegenüber dem Inhalt.

Es könnte sein, daß eine Aussage in Wort und Satz tatsächlich zu lang ist. In der Gestaltung des Hörbaren ließe sich dieser Mangel wenigstens teilweise ausgleichen, indem der Zuhörer durch eine gekonnte Ausdruckweise gefesselt wird. Außerdem könnte das Interesse des Hörenden durch die perfekte akustische Ausdrucksweise ungemein gestärkt werden, so daß der Partner allein schon durch die Vortragsart gepackt wird. Und nicht zuletzt können sogar auftretende Ermüdungserscheinungen im Verlauf des Gesprächs wettgemacht werden, weil der Redende es versteht, durch das Lautliche sowohl bei sich als auch beim Partner Begeisterung zu erzeugen. Die Bedeutung des Hörbaren bei allen Argumentationsvorgängen darf niemals übersehen werden. Gerade deshalb wurde in diesem Abschnitt so viel Wert darauf gelegt.

Die Situation

Kommunikation und Situation hängen eng zusammen. Die treffsichere Kommunikation ergibt sich erst im richtigen Erfassen der jeweiligen Situation. Jede Kommunikation wird von einer bestimmten Situation her gesteuert. Wenn ich z.B. eine Situation nicht richtig erfasse, dann kann das Gesagte sehr peinlich wirken. Schließlich kann ich nicht im gleichen Tonfall gratulieren und kondolieren. Die Situation, in der ich stehe, steuert Wortwahl, Satzbau und Ton. Zwischen Aussage und Situation besteht sogar eine Wechselwirkung. Wenn ich z.B. Kommunikationsschwierigkeiten habe, werde ich zwar die auf mich zukommende Situation erfassen, sie aber sprachlich nicht meistern können. Dem kommunikativ geschulten Sprecher gelingt es, sowohl peinliche Situationen zu überbrücken als auch unangenehme Pausen mit Inhalt zu füllen. Über die Schlagfertigkeit, die größtenteils situationsbedingt ist, werden wir noch zu sprechen haben.

Nun gibt es wohl Millionen verschiedene Situationen. Ganz

verkehrt wäre es, in Rollenspielen alle Situationen durchspielen zu wollen (was heute teils noch in Seminaren geschieht). Um jede Situation erfassen zu lernen, käme man an kein Ende. Besser ist es, die Kommunikationsfähigkeit zu erweitern, damit man so jeder Situation gerecht werden kann. Es treten bei jedem Gespräch immer wieder neue unbekannte Situationen auf. Ihnen kann ich nur gerecht werden, wenn ich kommunikativ durchtrainiert bin (Kap. V). Die gleiche Situation kehrt nie wieder. Die Gesprächspartner reagieren zu verschiedenen Zeiten anders, die Tageszeit spielt eine Rolle und nicht zuletzt ist der Raum, in dem man spricht, von nicht zu unterschätzender Bedeutung (in gemütlichen, einladenden Räumen reagiert man anders als in kalten und ungemütlichen). Als Sprecher stehen wir immer in veränderten Situationen. Dasselbe Argument kann je nach Situation mal so oder anders gebracht werden. Das hängt vom psychologischen und auch vom kommunikativen Einfühlungsvermögen ab. Hier können wir von jedem Showmaster im Fernsehen lernen. Dem Showmaster muß es gelingen, aus der Situation, die ganz plötzlich auf ihn zukommt, für sein Publikum Ansprechendes zu machen.

Das Gesagte aus der Situation heraus zu verstehen und demnach zu handeln ist sehr wichtig. Wenn mich einer fragt: »Haben Sie Feuer?« und ich antworte mit »Ja«, dann ist das logisch zwar richtig, aber von der Situation her falsch, denn der Betreffende möchte zweifellos von mir Feuer haben. Solche Beispiele ließen sich unendlich vermehren. Aus der Situation heraus ergibt sich in der Politik der Zwischenruf und für das Argumentationsgespräch die so wichtige Zwischenfrage. Zwischenfragen des Partners sollte man sogar provozieren, denn

1. sie beleben die Gesamtargumentation
2. man kann feststellen, ob der Partner die Argumente versteht
3. Zwischenfragen reißen ein Problem an, das durch die Frage plastischer und transparenter hervortritt.

Die Zwischenfrage hat noch eine viel größere Bedeutung. Ein wichtiges Argument sagt man nie ohne psychologische Vorbereitung. Ein Argument ist wirkungsvoller, wenn man den Partner so steuert, daß er selbst danach fragt. Die Wirkung ist optimal, weil der Partner glaubt, selbst auf die Idee gekommen zu sein und unser Argument so für ihn glaubwürdiger ist. Außerdem wird das Selbstvertrauen unseres Zuhörers gestärkt. Sie brauchen dann nur noch »ihr« Argument bestätigen, was ihr Partner gefunden hat.

Merke: *Wichtige Aussagen macht man immer aufgrund einer eventuell provozierten vorausgegangenen Frage.* (Auch wichtige politische Äußerungen im Parlament sind wirkungsvoller, wenn sie Antwort auf einen Zwischenruf sind.)

Sollte Ihr Argument von einer oder mehreren Personen während der Verhandlung bestätigt werden, dann hat es doppelte Wirkung, weil es dann für ihren Partner allgemeingültiger wird. Sorgen Sie dafür – wenn es eben möglich ist –, daß Ihre Argumente bestätigt werden.

Wenn Sie mit Ihren Ansichten nicht allein dastehen, wirkt das ganz enorm auf Ihren Partner.

3. Die Sprache der Argumentation

In diesem Kapitel wurde schon manches über Wort und Satzbau gesagt. Nun geht es hier mehr darum, die Ausdrucksweise der Argumentation in den Griff zu bekommen, denn Sprache ist mehr als nur Information. Wir denken in der Sprache. Sprache ist Ausdruck unserer Person und unseres Handelns. Sprache und Person lassen sich nicht voneinander trennen.

Sprache hat neben ihrer Objektivität einen beachtlichen subjektiven Charakter, denn *im Sprechen äußert sich die persönliche Note.* Der Sprecher muß immer eine angemessene Verbindung von Inhalt und Formulierung anstreben. Die Formulierung muß der dargestellten Sache entsprechen, andernfalls ist das falsches Pathos oder Gefühlsduselei. Selbstverständlich kann aufrichtige, herzliche Anteilnahme an einer Sache kaum falsch sein, aber man sollte doch wissen, daß die meisten Argumente kein falsches Pathos vertragen. Allerdings ist es oft schwierig, reine Sachlichkeit von persönlicher Wertung zu trennen. Eine Wertung kommt sprachlich immer durch Begeisterung oder durch fehlendes Engagement zum Ausdruck. Sprache läuft nicht nebenher, sondern bestimmt als integraler Bestandteil das Argument mit.

Auf jeden Fall muß der Redner jede sprachliche Ungenauigkeit vermeiden. Die Dialogische Differenz muß möglichst klein sein. Jedes Mißverständnis muß an der Reaktion des Gesprächspartners erkannt werden. Wenn auch nur ein Argument vom Partner falsch verstanden wird, verlieren die nachfolgenden Argumente meist ihre Beweiskraft, weil sich Argumente oft ergänzen oder aufeinander aufbauen. Mein Rat geht dahin, vorher abzuwägen, wie der Partner ein Argument verstehen könnte. Man sollte – soweit das möglich ist – die ganze Palette eventueller Mißverständnisse einmal überlegen.

Das Argument läßt sich nicht von der sprachlichen Formulierung trennen. Bedenken wir: Wenn man selbst etwas klar und gut verstanden hat, kann man es auch in der Regel gut formulieren. Einfaches und klares Denken führt auch zu eindeutigen Begriffsformulierungen. Wo etwas kompliziert, meist auch noch in langen Satzperioden ausgedrückt wird, drängt sich die Frage auf, ob es selbst verstanden worden ist.

Viele Begriffe unserer Sprache sind leider nicht eindeutig. Je abstrakter der Begriff ist, desto vieldeutiger kann man ihn interpretieren. Bei vielen Gesprächen muß man also zunächst eine *Begriffsklärung* vornehmen, indem man seinen Gesprächspartner fragt: »Was verstehen Sie genau darunter?« Sonst könnte es sehr wohl passieren, daß man ins Leere hinein argumentiert.

Dazu kommt die Verschiebung der Begriffsbedeutungen.

Wörter können in wenigen Jahren eine Bedeutungsverbesserung erfahren (z.B.: Versicherung) oder eine Bedeutungsverschlechterung (z.B.: Jungfrau). Der augenblickliche Bedeutungswert der Sprache entscheidet bei der Formulierung des Arguments. Dazu braucht man keine Wörterbücher befragen. Hier entscheidet die gesprochene Umgangssprache. Unter Umgangssprache versteht man den Sinn, den die meisten Menschen ohne Reflexion der Sprache beilegen – außer, es handelt sich um Fach- und Spezialausdrücke. Auch Fachausdrücke kann man oft verständlicher formulieren. Gerade hier müssen wir Kuriositäten vermeiden. Die Bundespost gibt ihren Lehrlingen zu bedenken, was ein Wertsack ist:

> »Ein Wertsack ist ein Beutel (!), der auf Grund seiner besonderen Verwendung im Postbeförderungsdienst nicht Wertbeutel, sondern Wertsack genannt wird, weil sein Inhalt aus mehreren Wertbeuteln besteht, die in dem Wertsack nicht verbeutelt, sondern versackt werden.«

Wichtig ist bei jedem Argumentationsgespräch die Art des Sprechens. Umständliche und langatmige Sprechweise sollte man vermeiden. Versuchen Sie entscheidende Stellen sprecherisch zu pointieren. Die Grundprinzipien sind: *Klarheit, Sachlichkeit* und *Anschaulichkeit.* Es muß uns gelingen, einen Gedanken in nicht mehr als fünf Sätzen sprachlich perfekt auszudrücken. Jede umständliche Darstellung führt

1. zu Nichtbeachtung des stichhaltigen Arguments
2. zu Ermüdungserscheinungen beim Partner.

Es ist ratsam, Beispiele nur soweit auszuführen, wie sie für die Illustration eines Sachverhalts unbedingt nötig sind.

Beim deutschen Redner hat man manchmal den Eindruck: »Wie sage ich es bis zur Grenze des Unverständlichen hin, entlegen, hochgestochen und schwierig« (Weller).

Sprache ist nicht nur ein Mittel, Gedanken festzuhalten – wir denken in der Sprache –, sie ist ebenso ein Mittel, um *der Wahrheit auf den Grund* zu *gehen.*

Bei jeder sprachlichen Äußerung können Gedankenassoziationen auftreten. Das Wort, das ich laut ausspreche, kann zum Impuls für neue Gedanken werden. Das ist wichtig, weil die besten Gedanken (Argumente) oft durch das Reden selbst kommen. Es ist nicht schwer, solche »spontanen Argumente« in die Gesamtargumentation einzubauen. Halten wir also fest:

1. *Sprache ist Weg und Mittel, die Wahrheit zu finden.*
2. *Sprache ist Impuls des Denkens.*

Man bemühe sich um eine korrekte Ausdrucksweise. Alle Abstraktionen wirken steif und unanschaulich und bleiben wirkungslos.

Man sagt niemals: »Die Feststellung dieses Tatbestandes«, sondern einfacher: »Daraus ergibt sich folgendes.«

Der Bildungsgrad spielt natürlich bei beiden Gesprächspartnern eine große Rolle. Geistig hochstehende Partner wissen selbstverständlich mit Abstraktionen mehr anzufangen, als weniger Gebildete. Je einfacher der Bildungsstand, desto konkreter muß auch die Verhandlungssprache sein. Normalerweise stellt man sich sprachlich sehr schnell auf den jeweiligen Partner ein.

Jeder Gesprächsstoff muß sprachlich neu, interessant und eindrucksvoll dargestellt werden.

Merke: *Es gibt im Prinzip keinen langweiligen Stoff, es gibt immer nur einen langweiligen Sprecher*
(im Kap. II und im Kap. IV komme ich ausführlich darauf zurück).

Das Ziel, was erreicht werden soll, muß wenigstens für mich klar formuliert sein.

Was nun für jede Argumentation sprachlich von ganz großer Wichtigkeit ist, sei hier kurz gesagt:

1. Meine in der Verhandlung erreichten Teilziele müssen sprachlich formuliert werden, damit das Erreichte auch fixiert ist. An sprachlichen Formulierungen kann man sich »festhalten« (ein guter Tip ist auch, auf einem Notizzettel Ergebnisse kurz zu notieren – ebenso: bei komplizierten Verhandlungen Einwände mitzuschreiben). Sprachlich formulierte *Teilergebnisse* dienen als Aufhänger für das weitere Gespräch. Habe ich keine Formulierungen, dann habe ich praktisch gar nichts erreicht.

2. Für meinen Partner müssen diese Formulierungen immer wieder variiert und teilweise auch wörtlich wiederholt werden, damit sie, wegen der ständigen *Wiederholung,* als starkes Argument wirken. Hier sei an die alte Weisheit erinnert: »Dauernde Wiederholung gilt als Beweis.«

Formulierungen in *Frageform* haben ihren besonderen Reiz und sind sehr wirkungsvoll. Die Frageform reißt ein Problem auf und zwingt zum Nachdenken. Eine Frage führt immer ein Gespräch weiter, weil Antworten oder Lösungen gesucht werden müssen.

Es ist sehr vorteilhaft, *sprachlich markante Sätze* zu *formulieren,* damit das Erreichte leicht behalten werden kann. Etwa: »Die Finanzierung wäre also schon eine klare Sache.« Würde ich über diese Tatsache viele Sätze formulieren, dann wäre die Finanzierung schon gar nicht mehr so klar. Denken wir daran: Ein Argument kann nur dann nachschwingen, hat nur dann eine nachhaltige Wirkung, wenn es sprachlich markant, eventuell sogar provozierend formuliert wurde.

Die Sprache hat auch die Aufgabe, Inhalte aufzuwerten und zu steigern. Höhepunkte einer Argumentation müssen sprachlich vorformuliert werden. Der Erwartungshorizont meines Partners wird so erweitert, und er wird motiviert, mehr Argumente von mir zu hören. Man kann sprachlich immer für Spannung sorgen, indem man vorher schon auf die Hauptargumente hinweist. Das heißt praktisch: immer schon *andeutungsweise* sprachlich *vorformulieren,* was der Partner noch an Vorteilen zu erwarten hat, damit seine Aufmerksamkeit bleibt und sogar noch gesteigert wird.

Die Sprache der Argumentation ist weder
a) ein geschriebener Text, noch
b) ein Gassenjargon, aber auch
c) keine gesprochene Dichtung.

Reden ist hier nicht Selbstzweck, sondern man muß klar verstanden werden.

Jeder kann seinen eigenen Sprachstil haben. Jeder hat eine persönliche Note, die auch sprachlich offenbar wird. Dadurch wird nämlich die persönliche Wirkkraft beim Argumentieren mitverursacht.

Vermeiden wir jedes Amtsdeutsch. Das Amtsdeutsch mag im Verwaltungsbereich seine Bedeutung haben, aber sonst ist es verhängnisvoll, ja sogar abstoßend. Bei einem meiner Seminare sprach ein Beamter vom »Zuzug der Bevölkerung«. Auf meine Rückfrage erläuterte er: »die Leute seien zugezogen«. Sagen wir statt »wohnhaft in« schlicht: »ich wohne in« und statt: »ich bin tätig« besser: »ich arbeite«. Höchstens humorvoll kann man sagen: »ich habe Verknappungen auf dem Ernährungssektor« statt: »ich habe Hunger«. Oder »der Verbrecher wurde nach Empfangsnahme der Kugel ablebig« statt: »er wurde erschossen«. Man sollte auch etwas »beweisen«, statt »unter Beweis stellen« und »durchführen«, statt »zur Durchführung bringen«. Man vermeide möglichst Wörter mit den Endungen »-ung«, »-heit« und »-keit«, weil sie zu abstrakt und daher zu steif wirken. Dazu gehört ebenfalls, daß abgegriffene Wörter kaum Wirkung erzielen. Was heißt schon »mit großer Sorge«, »eine brennende Frage« und »einen Standpunkt vertreten«? Es sind nichts als Phrasen, hinter denen sich eine gähnende Leere verbirgt. Man hüte sich ebenso vor Verallgemeinerungen und Übertreibungen. Es sind nur abgegriffene Wertmünzen und sie reizen oft zum Widerspruch. Verallgemeinerungen, die sprachlich sehr leicht ausgesprochen sind, sind viel zu unkonkret, als daß sie als Beweis gelten könnten.

Abkürzungen sind auf jeden Fall zu vermeiden. In der heutigen Zeit besteht geradezu eine Leidenschaft, möglichst viele Abkürzungen zu gebrauchen. Ohne Fachabkürzungen (die sicherlich berechtigt sind) haben wir in der Bundesrepublik über 2 Millionen Abkürzungen. Die Frage ist doch berechtigt, wer sich da noch zurechtfindet. Wir dürfen nicht gleich annehmen, unser Partner könnte die Abkürzungen, die wir gebrauchen, verstehen. Sprechen wir jeden Gedanken, wenn es eben geht, voll aus. Unser Gesprächspartner wird uns dafür dankbar sein.

Fast ganz abzulehnen sind Fremdwörter! Abgesehen davon, wie sehr der Gebrauch eines Fremdwortes manchmal Glücksache ist, verdunkelt ein sprachfremdes Wort meist die Information.

Der Wortschatz der deutschen Sprache ist so groß, daß man oft ohne Schwierigkeiten auch ein treffendes deutsches Wort finden kann. Das Fremdwort »Komplikation« ist völlig überflüssig. Das entsprechende deutsche Wort »Schwierigkeit« gibt den Sachverhalt bestimmt genau so wieder. Allerdings müssen wir hier eine kleine Einschränkung machen. Es geht nicht um das Fremdwort im lexikalischen Sinn. Ein Wort wie »Engagement« kann man bedenkenlos benutzen, weil es praktisch zum Umgangsdeutsch gehört und deshalb auch verstanden wird. Ein Wort, das jeder versteht, ist also im Gespräch oder in der Rede nicht mehr als Fremdwort zu sehen. Manchmal ist das deutsche Wort sogar besser: etwa »eindringlich« für »intensiv«.

Merke:

1. Fremdwörter wirken beim Argumentieren oft steif und nichtssagend.

2. Mit Fremdwörtern können Aussagen vertuscht werden, was im

weiteren Verlauf des Argumentationsgeschehens zu unlösbaren Schwierigkeiten führen kann.
3. Wird ein Fremdwort vom Partner nicht verstanden, wird er mißtrauisch und nimmt daher die wirklichen Argumente nicht mehr ernst.

Gegen Modeworte (fit, come back, Party, Trend, up to date) ist nichts einzuwenden, wenn sie aussagekräftig sind und Argumente nicht verwässern.

Tucholsky legt uns nahe: »Man gebrauche gewöhnliche Worte und sage ungewöhnliche Dinge«.

Eigentlich kann man nie genug vor Schachtelsätzen warnen. Das Prinzip lautet:

»Neuer Gedanke – neuer Satz.«

Wenn zwei Argumente in einem Satz vorkommen, dann wird ein Argument oft nur teilweise oder gar nicht wahrgenommen, weil man sich zunächst nur auf ein Argument konzentriert. Formuliert man aber für jedes Argument einen neuen Satz, dann liegt eine Pause zwischen beiden Sätzen und in dieser Pause kann man sich auf ein weiteres Argument konzentrieren. Jeder Gedanke sollte in einem Satz formuliert und auch sprachlich abgerundet sein. Nichts ist verwirrender, als wenn Ideen, Beispiele, Beweise ineinander fallen, weil sie sprachlich nicht getrennt sind.

Kleiden Sie Ihre Aussage auch möglichst in die *Aktivform* und nicht in die *Passivform*. Z.B.: »Dieses Argument überzeugt« und nicht: »Die Beweiskraft des Arguments wurde von Ihnen sicher wahrgenommen.«

Es ist fast unglaublich, wie wenig Bedeutung den *Pausen* beigemessen wird. Es ist unbedingt erforderlich, zwischen den Sätzen Pausen zu machen, denn
1. Die Pause selbst hat eine Aussagekraft. Sie verstärkt das Argument. Eine Pause kann sehr beredt sein. Ohne Pause kann das folgende Argument das vorangegangene zunichte machen,

weil dem Partner keine Zeit bleibt, das Argument zu begreifen und zu würdigen.

2. Gerade in der Pause wirkt die Suggestivkraft eines Menschen am stärksten. In einer Pause konzentriert sich nämlich der Zuhörer ganz auf die Person des Sprechers und weniger auf das Gesagte.

So muß man auf jeden Fall darauf achten, nicht zu schnell zu sprechen. Das kann zwar leicht vorkommen, weil man selbst den Inhalt kennt, für den Partner ist er aber neu. Bei zu schnellem Sprechen geben wir dem Partner kaum eine Chance, die Inhalte voll zu begreifen. Übergroßes Engagement kann leicht zu hektischer Sprechweise führen. Geben wir unserem Gegenüber Zeit, unsere Argumente inhaltlich richtig wahrzunehmen. Das Gegenteil ist genauso verkehrt. Zu langsames, drückendes Sprechen lähmt jeden Kommunikationsprozeß und führt nicht selten zu seelischem Unbehagen.

Halten wir fest:

1. Je wichtiger das Argument, desto bedächtiger die Sprechweise.

2. Zu schnelles Sprechen läßt die Argumente nicht voll zur Geltung kommen.

Achten wir auch darauf, daß unsere Sätze grammatisch richtig ausgesprochen werden. Das gelingt aber nur, wenn wir uns gegenseitig nicht ins Wort fallen. Formulieren wir erst einen neuen Gedanken, wenn der vorige Gedanke ganz ausgesprochen ist. Ins Wort fallen erzeugt Aggressionen, die sehr leicht eine Argumentation ins Unsachliche abgleiten lassen. Es ist immer von Vorteil, sich klar und direkt auszudrücken. Eine Ausdrucksweise mit den Wörtern »könnte«, »möchte« und »vielleicht« ist nicht festgelegt und kann deshalb die fortschreitende Gesprächsführung sehr erschweren. Überspitzte Formulierungen machen einen Zuhörer skeptisch, ja sogar mißtrauisch. Wenn ein Argument sachlich ist, braucht man es nicht überspitzt formulieren. Zum Schluß unserer sprachlichen Überlegungen noch ein wichtiger Rat: *Formulieren Sie immer wieder neu!* Wie leicht gewöhnt man sich an einen Wortschatz und Satzstil, der schließlich zur Routine geworden ist, und deshalb nichtssagend wird. Vor jeder Verhandlung also nicht nur die Argumente inhaltlich überlegen, sondern auch eine überzeugende neue Ausdrucksweise. Vergessen Sie bitte alle Routineformulierungen und konstruieren Sie neu! Sie werden erstaunt sein, wie sehr Sie sich auch neu für das Gespräch begeistern können. Neue Sprache zeugt auch neues Wissen und neue Hingabe an die Sache.

Fassen wir kurz zusammen:

1. Wir müssen Routine in der sprachlichen Formulierung überwinden, zumal unsere Partner auch nie die gleichen sind.

2. Routine hemmt neue Denkprozesse, entwickelt keine neuen Ideen und gibt keine Denkimpulse im Verlauf des Gesprächs.

Bei Neuformulierungen werden die Argumente wieder sicherer, tragfähiger und auch wirkungsvoller. Ich persönlich habe beste Erfahrungen damit gemacht, Rede- und Verhandlungsunterlagen immer neu zu formulieren (obwohl ich alte Entwürfe in der Schublade aufbewahre), um neue Gedanken zu finden und der Routine zu entgehen.

Der Stil ist kein Luxus. »Den Stil verbessern – das heißt den Gedanken zu verbessern« (Nietzsche).

Umgangsformen sollten immer genau beachtet werden. Der persönliche oder politische Feind ist einen Händedruck wert. Argumente sollen sprechen und nicht persönliche Vorbehalte oder gar Beleidigungen.

4. Die Aussage-Analyse

Was ist eine Aussage-Analyse? Warum wird sie in diesem Zusammenhang erwähnt? Die Lösung ist einfach, wenn man weiß, was darunter zu verstehen ist. Die Aussage-Analyse kann uns beim erfolgreichen Argumentieren ein gutes Stück weiterhelfen. Es geht darum, einen Eindruck von unserem Partner zu gewinnen. Schon Sokrates sagte: »Sprich, damit ich dich sehe« (nicht etwa: »Schreib', damit ich dich sehe.«)

Aus der Schrift den Charakter eines Menschen zu erkennen, ist sehr schwierig. Dabei gibt es zu viele Unsicherheitsfaktoren. Z.B. die seelische Verfassung, das Schreibzeug und nicht zuletzt auch die Qualität des Papiers können die Schrift wesentlich verändern. Unsere menschliche Stimme ist da schon genauer, denn die Stimme ist Träger aller unserer seelischen Eigenschaften, die sich analysieren lassen. Durch diese Analyse lassen sich also eine Menge Eigenarten unseres Partners, um die wir bei der Argumentation wissen sollten, erkennen.

Wie bereits erwähnt, setzt sich die Wirkkraft alles Gesprochenen zu 80 % aus dem Ton und nur zu 20 % aus dem Inhalt zusammen. Daraus ergibt sich die enorme Aussagekraft der akustischen Komponente der Sprache. Es ist schwer zu verstehen, warum früher zu viel Gewicht auf das Inhaltliche der Sprache gelegt wurde. Dabei erfüllt sich der Inhalt einer Sprache erst dann, wenn sie gesprochen wird.

In der Aussage-Analyse geht es um die Deutung, Auslegung und Interpretaion von Aussagen. *»Das Verständlichste an der Sprache ist nicht das Wort selber, sondern Ton, Stärke, Modulation und Tempo, mit dem eine Reihe von Wörtern gesprochen wird – kurz: die Musik hinter den Worten, die Leidenschaft hinter der Musik, die Person hinter der Leidenschaft: alles das, was nicht geschrieben werden kann« (Nietzsche).* Mit der Aussage-Analyse kann alles Gesprochene untersucht werden. Die Stimme und die Ausdrucksweise verraten mir, mit wem ich es zu tun habe. Diese Analyse kann dazu dienen, den Sprecher genauer zu identifizieren, ihn als Persönlichkeit zu diagnostizieren und seine Intentionen festzustellen. Es sind also Fragen des Stils, der Form und der Gestaltung, etwa bei der Bestimmung der Sprache, der Wortwahl, des Satzbaus und der Verwendung von Bildern und Metaphern (Gerhard Maletzke). Wir schließen von der Aussage unseres Parnters auf jeden Fall auf seinen Bildungsstand, auf seine Herkunft, auf seine Kommunikationsfähigkeit und nicht zuletzt rechnen wir uns die Chancen aus, die wir mit unserer Argumentation bei ihm haben. Sprachliche Aussagen eines Menschen sind nicht rein zufällig, sondern sind in hohem Maße persönlichkeitsbedingt.

Auch über die Persönlichkeit des Sprechers können wir durch Aussage-Analyse etwas sagen. Wenn ein Mensch eine Aussage beachtet und sie aufgreift, dann muß dieses Gesprochene dem Menschen irgendwie entsprechen, denn sonst würde er nicht so reagieren. Die Aussagen sind also Reflexionen der Wünsche und Erwartungen oder auch des Geglaubten. Die menschliche Stimme ist Hauptträger der Persönlichkeitswerte und die kann man analysieren. Die Ausdrucksformen des Sprechers sind aufs innigste mit der seelischen Gesamtverfassung der Persönlichkeit verquickt. Die Stimmdeutung bei der Aussage-Analyse ist nicht ganz einfach (vielfach benötigt man Meßgeräte dazu). Dennoch möchte ich die Hauptmerkmale der Stimme und ihrer Deutung hier aufführen, soweit sie für die Argumentationstechnik wichtig sind.

1. Tonhöhe

Übernormale Tonhöhe läßt auf psychologische Schwierigkeiten schließen. Menschen mit überhöhter Tonlage reagieren meist nicht auf sachliche Argumente, sondern auf persönliche (Sympathie – Antipathie).

2. Stimmfülle (Volumen)

Das Stimmvolumen zeigt uns die körperliche Beschaffenheit des Sprechers an (groß, klein, dick, dünn). Das ist wichtig, wenn ich meinen Partner nicht sehe, wie am Telefon. Große Klangfülle zeigt Güte, Wohlwollen und Liebe an.

3. Klangfarbe

Sie gibt Auskunft über soziale und menschliche Qualitäten des Sprechers: bescheiden – arrogant, sympathisch – unsympathisch.

Wir spüren das instinktiv (als Beweismaterial können nur Tonbandaufnahmen gelten).

4. Sprechtempo

Das Sprechtempo gibt meist Auskunft über den Intelligenzgrad des Partners. Intelligente Menschen sprechen relativ schnell, falls sie nicht durch ein Sprechtraining langsames Sprechen gelernt haben.

5. Akzentuierung

Hierunter verstehen wir die Betonungsdynamik im Satz. Zielstrebige Menschen betonen bewußt dieses oder jenes Wort und versprechen sich selten.

6. Artikulation

Mangelhafte Zielvorstellung, fehlender Ehrgeiz und wenig Engagement drücken sich meist in schlechter Artikulation aus.

7. Zu leises Sprechen

Das heißt: keine rechte Beziehung zum Gesprächspartner und nicht immer ganz von den eigenen Argumenten überzeugt.

Dazu kommen noch Hilfen für die Aussage-Analyse im Sprechstil (Gefühl – Intellekt, Dialog – Monolog), in der Wortwahl (quantitativer und qualitativer Wortschatz) und im Gesprächsinhalt (hohes oder niedriges Niveau).

Ich selbst hatte einmal die Gelegenheit, die Aussage-Analyse mit etwa 80 bis 100 Versicherungskaufleuten auf internationaler Ebene in Bad Hofgastein nachzuprüfen. Etwa 10 Sprecher, die meine Zuhörer nur vom Tonband hörten, galt es zu analysieren. Man mußte aufgrund des Gehörten auf einem Zettel das Alter, den Bildungsstand, die äußere Erscheinung des Sprechenden, den Typ usw. notieren. Bis zu 85 % waren alle Antworten – selbst bei fremdsprachigen Teilnehmern – richtig.

Man sollte die Aussage-Analyse bei der Argumentation bewußt einsetzen und auf stimmliche Gegebenheiten des Partners achten. Manches unpassende Argument könnte dadurch vermieden werden und manches wirkungsvolle gefunden werden.

II. Meine Person als Hauptargument einer erfolgreichen Argumentation

1. Meine Person als kommunikative Kraft

Vielleicht wird der Leser erstaunt sein, wieviel Gewicht in diesem Buch auf die sprechende Person gelegt wird. Dafür gibt es genügend Gründe. Wenn wir mit anderen Menschen sprechen, dann sagen wir ihnen nicht nur irgendetwas, sondern auch etwas über uns selbst. Das Argument läßt sich also niemals von der Person, die es ausspricht, trennen. Immer, wenn wir mit Menschen sprechen, haben wir es mit einer Selbstdarstellung zu tun. Diese kann sehr offen sein, wenn jemand etwas über sich selbst aussagt, meist aber ist sie verschlüsselt. Das Argument kann in sich gar nicht wirken, es hat nur Beweiskraft durch die Person, die es ausspricht. Das Wort ist nicht nur objektiv, wie man früher öfter annahm. Dies hieße, Sprache einseitig sehen. Der subjektive Charakter der objektiv dargestellten Information trägt den Wirkungsgrad des Gesprochenen. Man darf nie vergessen, daß es hier um die gesprochene Sprache geht und nicht um die vielseitig deutbare Schrift.

Zunächst soll einmal dargestellt werden, wie sehr unsere eigene Person beim Argumentieren im Vordergrund steht. Wenn wir sprechen, geben wir immer Informationen über uns selbst, die sehr vorteilhaft sein können, damit man unsere Argumente glaubt. Man verkauft sich immer erst selber. Meine Information wird nicht im Vordergrund stehen, sondern ich, als Sprechender, werde mitgeliefert. Z.B. unsere Angst oder das Lampenfieber signalisieren uns: hier sagst Du auch etwas über Dich selbst und keineswegs nur etwas über die Sache (Rupert Lay). Nun besteht durchaus kein Zweifel, wie wenig der Mensch bereit ist, sich seelisch preiszugeben. Das kann sehr wohl zunächst eine Erziehungssache sein, wie auch konventionelle Höflickeit im Spiel ist. Auch die Angst, durchschaut zu werden, gehört hierher. Genau den umgekehrten Weg müssen wir gehen! Weil wir etwas von unserem Wesen verbergen wollen, ist unsere Wirkung auf den Partner nicht so, wie sie sein könnte. Die Person als kommunikative Kraft wird nicht voll eingesetzt, kommt nicht ganz zur Wirkung. Warum wollen wir beim Verhandeln und Argumentieren nicht so sein, wie wir wirklich sind? Warum wollen wir eine Maske aufsetzen? Genau das ist es ja, was unser Partner merkt und was bei ihm auf Ablehnung stößt. Das Mißtrauen gegen uns und gegen unsere Argumente kommt oft gerade daher, daß der Partner unsere Maske bemerkt. Von vornherein ist er mißtrauisch und fragt sich, ob er das alles so ernst und so ehrlich nehmen kann, wie wir es sagen. Wenn wir uns aber so geben, wie wir sind (selbst wenn der Partner auch bei uns Fehler feststellt), dann haben wir leichtes Spiel, weil unser Gegenüber uns dann als aufrechte Person akzeptiert und unsere Argumente ernster nimmt – mit Recht, weil sie dann auch ehrlicher gemeint sind.

Merke: *Man verkauft sich immer erst selbst und dann erst das Argument oder die Ware.*

Jeder Mensch hat seine eigene persönliche Note, die er mit ins Spiel bringen kann. Seine persönliche Note ist nur in ihm verwirklicht. Sie hat faszinierende Züge. Sein persönliches Ich ist ungemein wirkungsvoll, wenn der Partner das entdecken kann. Diese, seine eigene Ich-Verwirklichung, ist sein Hauptargument, das Ehrlichkeit und Glaubwürdigkeit bezeugt. Wenn man seine Individualität verleugnet und andere Rollen spielt, dann wird die Wirkung der persönlichen Note als Argument aufgehoben. Nicht ohne Grund haben wir dieses Kapitel »Meine Person als Hauptargument einer erfolgreichen Argumentation« überschrieben. Ich weiß, aus Erfahrung in vielen Rednerkursen, daß diejenigen Redner beim Publikum am besten ankamen, die sich so gaben, wie sie waren und nicht erst versuchten, maskenhafte Kapriolen zu schlagen. Die Grundlage eines wirkungsvollen Gesprächs liegt darin, sich selbst problemlos mitzuteilen und sich angstfrei und unverstellt darzustellen.

Rupert Lay (siehe Literaturverzeichnis) führt einige Hemmnisse auf, die unsere Selbstdarstellung empfindlich stören:

1. Man zeigt ein Imponier- und/oder Fassadenverhalten. Auf jeden Fall möchte man Eindruck schinden. Man will imponieren durch Bildung, höhere Interessen oder elitären Sprachgebrauch. Man will Gespräche führen, in denen man überlegen wirkt. Mit dem Fassadenverhalten bauen wir eine Abwehrtechnik auf. Es sind Freundlichkeiten ohne Herzlichkeiten und kalte, abweisende Sachlichkeit und Gefühllosigkeit.
2. Einer der Partner wirkt rechthaberisch, polemisch, den anderen abwertend, bevormundend und überheblich.
3. Einer der Partner überspielt seine negativen Emotionen durch ihr Gegenteil:

Angst durch Verwegenheit,
Schuld durch Skrupellosigkeit,
Scham durch Ehrfurchtslosigkeit und
Mindergefühle durch gespielte Überlegenheit.

Deshalb: *Meine Persönlichkeit kann mein Hauptvorteil sein, wenn ich den Mut habe, mich so zu geben, wie ich wirklich bin.*

Wenn Menschen miteinander sprechen, dann ist eine Neutralität ausgeschlossen. In irgendeiner Form müssen Menschen aufeinander reagieren. Das kann

1. in negativer Form sein. Von vornherein ist man nicht gewillt, Kommunikation aufzunehmen. Wenn man aber mit einem Menschen sprechen muß, kann man diese kommunikativen Hemmschwellen nur durch den positiv wirkenden Einsatz seiner Person überwinden.
2. in positiver Form sein. Das ist leicht, weil über die Bejahung der Person auch die Argumente wohlwollender geprüft werden.

Durch ein Kommunikationstraining kann man seine Fähigkeiten entdecken. Wir gehen von der Tatsache aus, daß Kommunikationsfähigkeiten erlernbar sind und daß Kommunikationsbarrieren durch Training abgebaut werden können. Von der gesamten Kommunikationsfähigkeit eines Menschen ist meist höchstens ein Drittel aktiviert. Zwei Drittel des kommunikativen Könnens liegen brach – das ist relativ viel. So muß es uns darum gehen, die Kommunikationsbreite zu erweitern.

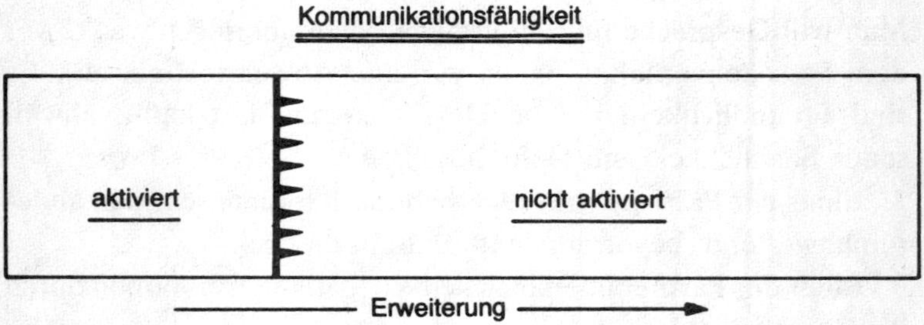

Durch verschiedene Kommunikationsübungen können Kommunikationsschwächen abgebaut, wie auch Kommunikationshemmungen überwunden werden. Dadurch wird das Selbstwertgefühl des Menschen gestärkt und ein Erfolgserlebnis vermittelt.

Viele Menschen sind nicht fähig, sich selbst zu steuern und zu motivieren. Sie sind auf Fremdsteuerung angewiesen und fällen nur selten gewichtige Entscheidungen. Das Training von Eigensteuerung, also auch von Kommunikationserweiterung, soll durch gezieltes Motivieren Abhilfe schaffen, was auch gelingt, wenn man sich auf seine Qualitäten besinnt.

Bei jedem Rhetorikkurs sagt mir der Händedruck bei der Begrüßung eine ganze Menge über die Qualitäten der Teilnehmer. Ein fester und bewußter Handschlag läßt sicher auf einen motivierten Teilnehmer schließen, dagegen ein schlaffes Handreichen (wobei ich manchmal nur die halbe Hand des Teilnehmers erwische) läßt auf Kommunikationsschwierigkeiten schließen. Es ist dies ja nur die Spitze eines Eisbergs.

Ein Kommunikationstraining ist dazu da,

1. daß die Kommunikationsbasis erweitert wird und

2. daß man seine Fähigkeiten erkennt, denn – das ist wichtig – man kann seine Vorteile dann besonders wirksam einsetzen, wenn man darum weiß.

Meine Person als kommunikative Kraft ist nicht neutral. Sie drängt den Partner

1. in eine Entscheidung hinein, durch die Willenskraft, die sich hier ausdrückt.

2. In meiner Person liegt eine mir oft unbewußte Wirkkraft.

Im Kapitel V wird gezeigt, wie der Leser kommunikative Fähigkeiten trainieren kann. Der Mensch muß sich neu entdekken. So entdeckt er durch ein Kommunikationstraining neue Fähigkeiten, von denen er früher nichts geahnt hat.

Das Hauptargument liegt unbestritten in der Person des Sprechers. Seine Sprechweise (Ton), seine Art und sein ganzes Wesen ist das Argument schlechthin für den Partner. Wenn es sich dann noch herumspricht, daß er ein fairer und ehrlicher Parnter ist, dann hat er gewonnen, denn die Mund-zu-Mund-Propaganda hat sich bisher noch immer als die beste Empfehlung erwiesen.

Das Argument der Person ist deshalb so wichtig, weil der Partner oft nicht logisch denkt. Viele unserer Gesprächspartner werden unsere wohlüberlegten Argumente gar nicht zu schätzen wissen. Da gilt dann besonders als Hauptargument das Vertrauen in die Person.

So können wir nun mit Sicherheit festhalten:

Meine eigene Person gilt als Hauptargument,

1. um Vorurteile zu überwinden und

2. um erstarrte Meinungen beim Partner mit durchschlagenden Argumenten zu entkräften.

Eine Eigenschaft gehört auf jeden Fall zur überzeugenden Persönlichkeit – das ist der Humor. Humor hat eine ungewöhnlich starke, argumentative Aussagekraft. Der Dominikanerpater

Rochus Spieker schreibt, daß sich manche Menschen »mit Ernst umhängen wie mit einem falschen Bart. Ein Bonmot, das mit Ballettfüßen durch ein Gespräch huscht, kann mehr Geist und Herz gekostet haben als manche verschnörkelte Phrase, die heiligste Worte als Kulisse bemüht. Ein Witz kann tiefer erleichtern als tragisches Getue. Ein lächelnd hingeworfener Satz kann lautlos weinen. Freilich: Das zu begreifen, fällt uns Deutschen besonders schwer. Und so werden wir wohl weiterhin die Weisheit hinter den falschen Bärten suchen.« Pater Rochus Spieker, den ich persönlich gut kannte, hat diesen Humor in seinen Predigten und Vorträgen vorgelebt und so wurde er besonders durch seine Predigten in der St. Andreas-Kirche in Köln berühmt. Auch in meinen Rhetorikkursen habe ich ständig erlebt, wie humorvolle Redner immer sehr gut ankamen.

Vor jedem wichtigen Argument sollte man dem Partner eine Verschnaufpause gönnen. Dann wird auf jeden Fall durch dieses humorvolle Intermezzo das Argument um so wirkungsvoller sein.

Merke: *Der Humor ist die Brücke, auf der das Argument zum Zuhörer rollt.*

Folgende Merksätze über die Wirkungsweise des Humors sollten wir uns einprägen:

1. Humor schafft eine lockere und gesunde Atmosphäre.
2. Humor schafft eine gemeinsame Basis. Wenn man gemeinsam gelacht hat, ergibt sich mindestens ein gemeinsames Verhandlungskriterium, von dem man erneut mit anderen Argumenten ausgehen könnte.
3. Gemeinsames Lachen schafft Sympathie. Man nimmt Argumente williger auf.
4. Das Lachen schafft eine schöpferische Pause, die zu neuen Argumenten motiviert.
5. Humor weckt Vertrauen. Der Humor wurzelt zutiefst in der Person als kommunikative Kraft und kann daher auch wieder

eine steckengebliebene Verhandlung überbrücken und noch zu fruchtbaren Ergebnissen führen.

Meine eigene Person ist die Chance einer guten Argumentation. Die sollte ich mir nicht entgehen lassen.

2. Meine Suggestivkraft als Hauptfaktor in der Kommunikation

Der Redner hat mich fasziniert!
Der machte einen tollen Eindruck!
So einer Persönlichkeit bin ich selten begegnet!
Ich bin ganz begeistert!
Ich fand den Redner großartig!

Solche Redewendungen hören wir oft oder wir gebrauchen sie auch selbst. Ist es nicht seltsam, daß wir selber diese Redewendungen auch begeisternd aussprechen, als ob die Begeisterung und das Faszinierende des Redners auf uns selbst übergegangen sei? Was steckt dahinter, wenn wir solche Redewendungen gebrauchen? Selbstverständlich bedeuten sie für den Redner das höchste Lob.

Wenn wir solche begeisterten Sätze aussprechen, meinen wir in erster Linie zumeist gar nicht den Inhalt der Rede, sondern vielmehr die Persönlichkeit des Redners. Er hat es uns angetan. Er war toll. Er hat uns fasziniert und er hat uns stark begeistert. Damit haben wir recht. Die Person des Redners hat bei uns gewonnen. Damit sehr wahrscheinlich auch sein Redeinhalt mit den Argumenten.

Jeder Mensch hat eine Ausstrahlungskraft (Suggestiv-Kraft). Auf dieses Kapitel legt der Verfasser ganz besonderen Wert, weil sozusagen die Ur-Wirksamkeit eines Menschen erfaßt wird. Allerdings geht es uns hier um mehr als nur beiläufig zu erwähnen, daß Menschen eine Ausstrahlungskraft haben. Es geht vielmehr

1. um eine persönliche Untersuchung
2. um eine wissenschaftliche Darstellung und
3. um die Wirkung solcher Ausstrahlungskräfte.

Die meisten Menschen sind sich ihrer Suggestiv-Kräfte nicht bewußt. Das liegt daran, daß diese Kräfte noch nicht erkannt wurden oder auch noch nicht aktiviert werden konnten.

Die Suggestiv-Kraft umfaßt die gesamte Persönlichkeit eines Menschen. Sie läßt die persönliche Note stark hervortreten und vertuscht kleinere Schwächen der Person. Die Suggestiv-Kraft wurzelt tief im seelischen Bereich eines Menschen und verschafft der Person Überzeugungskraft. Das hängt davon ab, wie sehr der Personenkern entwickelt ist, wie sehr Ziele mit großem Engagement angestrebt werden und die Willenskraft ungemein gestärkt ist. Kinder können ebenso sehr eine starke Suggestiv-Kraft besitzen, wie Erwachsene, wenn sie die oben genannten Bedingungen erfüllen. Es gibt aber sehr viele erwachsene Menschen, die durch die Vernachlässigung ihrer Person oder durch Willensschwachheit kaum Ausstrahlungskräfte besitzen und deshalb soziales Mittelmaß bleiben. Es sind immer die Geführten, die auf Außensteuerung angewiesen sind. Man hat oft darüber nachgedacht, was die Führungsqualitäten eines guten Chefs ausmachen. Von der Klugheit bis zur Gerechtigkeit hin glaubt man die entscheidende Qualität einer Autorität getroffen zu haben. Das alles ist nicht primär. Es ist vielmehr einzig und allein die Ausstrahlungskraft eines Menschen. Alle anderen Eigenschaften kommen ergänzend dazu. Seine Ausstrahlungskraft kann jeder selbst registrieren. Er spürt, wie er auf andere wirkt, wie sein Wort aufgenommen wird, er stellt Reaktionen fest, schlicht: er erlebt, wie er angenommen wird. Fast bei allen Menschen »kommt er ganz toll an«. Seiner Ausstrahlungskraft kann sich keiner entziehen. Ich möchte 5 Voraussetzungen für diese *positive Ausstrahlungskraft* angeben:

1. *Demut und Bescheidenheit,*

2. ein *frohes Gemüt,*
3. *fundiertes Wissen,*
4. *gütige Liebe* gegenüber anderen und
5. *großes Engagement* für eine Sache.

Diese Ausgeglichenheit und personale Einheit ist keine Utopie und auch kein Problem. Wer an sich arbeitet, kann diese 5 Forderungen erfüllen und große Suggestiv-Kräfte freisetzen. Kein Zweifel, die persönliche Ausstrahlungskraft wird durch Ich-Bezogenheit und Arroganz weitgehend ausgelöscht.

Die Suggestiv-Kraft äußert sich beim Menschen vorwiegend in der Stimme und in den Augen. Es ist nicht die Qualität der Stimme, sondern vielmehr die Wärme und die Unmittelbarkeit, die hier eine Rolle spielen. Die Stimme ist – wie wir bereits gehört haben – der Ausdrucksträger aller seelischen Qualitäten. Alle 5 Voraussetzungen für eine überzeugende Ausstrahlungskraft, drücken sich in der Stimme aus. Eine kalte, schneidende Stimme kann eigentlich nur Informationen geben, ohne daß diese eine suggestive Wirkung nach sich ziehen. Sicherlich spielt auch hier das Hörbare, also der Ton, eine bedeutende Rolle. Das »Wie-man-es-sagt« weckt Sympathie oder erzeugt Antipathie. Zynisch-ironische Redeweise hat noch selten begeistert. Ziehen wir eine Zwischenbilanz:

Ein Argument hat nur dann seine volle Wirkkraft, wenn es mit der hier erörterten Suggestiv-Kraft vorgebracht wird, andernfalls ist das »Argument« zur blutlosen Information degradiert.

Suggestiv-Kraft hat nichts mit Telepathie zu tun, obwohl der natürliche Suggestivgehalt eine Grundform des telepathischen Geschehens darstellt.

Bezeichnend ist nur, daß die Faszination für eine Person anhalten kann, selbst dann, wenn man ihren Argumenten widersprechen muß. Durch Suggestiv-Kraft wird eine persönliche Bindung erreicht. Wenn man auch in einem konkreten Fall dem Gesagten nicht zuzustimmen vermag, ist man dennoch geneigt, auch in Zukunft mit dem Partner einig zu werden, d.h., seine Argumente anzunehmen, weil man ihn gern mag.

Hier müssen wir eine kleine Einschränkung machen. Wie man nicht zu jedem Menschen gleich kommunikativ sein kann, so ist sicherlich auch die persönliche Ausstrahlungskraft von vielen Faktoren abhängig (Situation, Zeit, körperliches und seelisches Befinden, verschiedene Gesprächspartner usw.). Manche Menschen können in der Öffentlichkeit äußerst suggestiv-faszinierend wirken, dagegen im privaten Bereich Mauerblümchen sein und natürlich gibt es das auch umgekehrt. Dabei spielt auch der Ort und die menschliche Umgebung, in der man lebt, eine ganz entscheidende Rolle. Schon die Bibel meint richtig: »Kein Prophet gilt etwas in seiner eigenen Stadt.«

Sicherlich wirkt die individuelle Ausstrahlungskraft auf manche Menschen auch, ohne daß etwas gesagt wird. Es sind eben oft Gegebenheiten, die nicht aussprechbar sind. Nicht bewußte Image-Pflege läßt Ausstrahlungskraft erkennen, sondern Bescheidenheit, Ehrlichkeit und engagiertes Zielstreben sind wichtig. Man spürt genau die Ausstrahlungskraft seines Partners. Ohne Suggestiv-Kraft ist die Rede leer, blutlos und wirkungslos. Man spürt genau, wie sehr das persönliche Engagement fehlt. Mancher redet um des Redens willen. Die »Rede« ist abgelesenes, Ich-fremdes Gedankengut. Die Argumente sind nicht durchdacht und nicht situationsgerecht und werden oft vom Redner selbst nicht als Argument empfunden. Bei den politischen Reden in der Bundesrepublik ist das oft der Fall. Man sieht das schon am Verhalten der Zuhörer: Sie beschäftigen sich vielseitig oder laufen im Saal herum statt zuzuhören. Von faszinierender, fesselnder und suggestiver Rede kann da wohl kaum gesprochen werden.

Leider kennen wir in unserer jüngsten Geschichte viele Beispiele vom Mißbrauch der Suggestiv-Kraft. Kein Zweifel, daß Hitler und Goebbels über ungeheure Suggestiv-Kräfte verfügten, denn sonst wäre eine solche Bewegung nicht denkbar gewesen. Aber hier wurde die Suggestiv-Kraft mißbraucht und die Leute wurden negativ manipuliert und verführt. Mißbrauch der Suggestiv-Kraft kann zu einem totalen Chaos führen. Dies soll nur kurz vermerkt sein, um zu zeigen, welche Kräfte der Mensch positiv wie negativ auszustrahlen vermag. Sebastian Haffner hat in seinem Buch »Anmerkungen zu Hitler« diesen Tatbestand ausgezeichnet dargestellt. Geben wir hier Haffner selbst das Wort: »Das Durchbruchserlebnis (bei Hitler) war die Selbstentdeckung seiner Redegewalt. Sie kann genau datiert werden auf den 24. Februar 1920, an dem Hitler mit durchschlagendem Erfolg seine erste Rede in einer Massenversammlung hielt.« Weiter Haffner: ». . . sondern sie war seine hypnotische Fähigkeit (Suggestiv-Kraft), eine konzentrierte Willenskraft, sich eines kollektiven Unterbewußtseins, wo es sich zur Verfügung stellte, jederzeit zu bemächtigen. Diese hypnotische Massenwirkung war Hitlers erstes und lange Zeit sein einziges politisches Kapital. Wie stark sie war, darüber gibt es seitens der von ihr Betroffenen unzählige Zeugnisse.« Sicher ist hier Suggestiv-Kraft wesentlich anders zu verstehen. Es sind keine positiven Kräfte, sondern negative Verführungselemente. Die Zuhörer werden eben nicht überzeugt, sondern durch das Wort, besonders aber durch die Tongebung, manipuliert und verführt.

Was bewirkt nun die positive Ausstrahlungskraft auf den Gesprächspartner? Es ist eben jenes Vertrauen, das man für jede Argumentation braucht. Vertrauen ist der Hauptfaktor, wodurch Argumente erst ihre volle Wirkkraft erhalten.

Vertrauen öffnet zum Gespräch, mehr noch: Es schafft eine personale Beziehung zwischen den Gesprächspartnern. Vertrauen kann man nicht durch Argumente allein erreichen, sondern nur durch personale Ausstrahlung.

Man hat einmal gesagt: »Originale kommen immer gut an.« Aus meiner Erfahrung in Rednerkursen kann ich das nur bestätigen. Sicher hat die Originalität ihre Grenzen, so daß sie nicht ins Komische abgleitet, aber Originalität ist ein wesentliches Stück Natürlichkeit. So ist Originalität ebenfalls eine der Grundlagen suggestiven Wirkens.

Lieber Leser: Vielleicht haben Sie vieles, was Sie hier lesen, schon gewußt, aber indem Sie das durch meine Erfahrung bestätigt bekommen, kann Ihr Wissen sicherer werden. Eine Bestätigung eigener Erkenntnisse gibt mehr Selbstbewußtsein und motiviert, zielbewußter einen Weg weiterzugehen. Ebenso wichtig ist: Man muß um seine Vorteile wissen, um sie einsetzen zu können. Die Bestätigung der eigenen Person ist kein billiges Lob, sondern höchste Motivation zum Handeln.

Meine Suggestiv-Kraft übt aber auch auf mich selbst eine Wirkung aus. Kein Zweifel, persönliche Ausstrahlung bürgt für Erfolg und dieser mein persönlicher Erfolg bedeutet für mich eine ungeheure Motivation.

Die Rückwirkung meiner Suggestiv-Kraft auf micht selbst bedeutet also:

1. *Sie setzt ungeahnte Energie in mir frei.*
2. *Rückschläge lassen sich leichter verkraften.*
3. *Die eigene Zielstrebigkeit wächst enorm.*
4. *Man gewinnt große Sicherheit für viele Vorhaben.*
5. *Man hat den Mut, auch schwierige Argumentationen aufzugreifen und durchzuführen.*

Die persönlich entdeckte Suggestiv-Kraft spornt an:
zu lernen, zu lernen und nochmal zu lernen –
zu wagen, zu wagen und immer wieder zu wagen.

Wie man seine persönliche Ausstrahlungskraft entdecken und üben kann, zeigt Kapitel V.

Zum Schluß sei aber noch kurz auf die Tatsache der Persönlichkeitsverschiebung hingewiesen. Man bezeichnet sie mit »Blinder Fleck«. Wir unterliegen einer Täuschung. Das Bild, das andere Menschen von uns haben, stimmt nicht mit dem Bild überein, das wir selbst von uns haben. Wenn wir uns nun mittels Video-Aufzeichnung auf dem Monitor sehen, sind wir meist ein wenig enttäuscht, weil wir ein anderes Bild von uns hatten. Diese Differenzen nennt man den »blinden Fleck«. Es ist ganz gut, wenn diese Täuschung von uns genommen wird. Das Bild im Monitor zeigt uns, was wir wirklich für einen Eindruck auf unsere Mitmenschen machen. Unser Selbstporträt müssen wir also in Gedanken ein wenig zur Realität hin korrigieren. Das folgende Schema mag das verdeutlichen:

	mir bekannt	mir nicht bekannt
anderen bekannt	I Bereich der freien Aktivität	II Bereich des **Blinden Flecks**
anderen nicht bekannt	III Bereich des Vermeidens oder Verbergens	IV Bereich der unbekannten Aktivität

An diesem Schema sehen wir, was beim Menschen für die Kommunikation wichtig ist und was wir in den Vordergrund rücken müssen.

Feld I: Bereich der freien Aktivität: was hier der Mensch tut, ist ihm selbst und auch anderen bekannt: z.B.: Beruf, Hobby usw. Das interessiert in diesem Zusammenhang wenig.

Feld II: Dies ist der Bereich des Verbergens und des Vermeidens. Man könnte das auch den personalen Intimbereich des Menschen nennen. Nach unserem Schema ist das dem Betreffenden selbst bekannt und anderen nicht bekannt. Auch diesen Bereich können wir hier übergehen.

Feld III: ist der entscheidende Bereich. Er ist einem selbst nicht bekannt, aber anderen bekannt, der *»Blinde Fleck«.* Ein Teil unseres äußeren Seins im Aussehen und im gesamten Gehabe ist uns selber nicht bekannt. Die Video-Aufzeichnung macht es uns bewußt. Gar kein Zweifel, wie »blind« wir manchmal gegenüber unserer eigenen Person sind. Aufgrund von Video-Aufzeichnungen, die wir sehen und die uns auch ein wenig zu Herzen gehen sollten, müssen wir manchmal unser Verhalten etwas korrigieren. Schließlich bleibt das

Feld IV, der Bereich der unbekannten Aktivität. Es wurde schon gesagt, daß nur ein Drittel unserer gesamten Kommunikationsfähigkeit ausgereift ist. So liegen auch im Bereich IV unsere ungeahnten Möglichkeiten. Es ist Aufgabe eines Kommunikations- und Videotrainings, den Menschen diese Möglichkeiten zu erschließen.

Suggestiv-Kraft ist das Getroffensein von einem anderen Menschen. Sie soll eine bewegende Kraft beim erfolgreichen Argumentieren sein. Gerade dieser Abschnitt hat das Ziel, allen Lesern zum überzeugenden Argumentieren zu verhelfen.

3. Augenkontakt als Sicherheitsfaktor bei der Argumentation

Stellen wir zunächst unsere These auf: *Der Suggestivgehalt eines Menschen liegt nicht nur in der Stimme, sondern auch vorwiegend in den Augen.*

Durch gezielten und bewußten Augenkonnex kann jeder Mensch beeinflußt werden. Der Augenkonnex (oder Augenkontakt) ist die erste Voraussetzung, warum Argumente von einem anderen Menschen überhaupt bewußt aufgenommen werden und durch das Unterbewußte hindurchwirken können. Man könnte

Augenkontakt mit einer Lichtschranke vergleichen, die den angesprochenen Menschen »festhält« und auf das Argument fixiert. Ein Ausbrechen aus dieser Fixierung ohne positive oder negative Reaktionen ist fast nicht möglich. Damit sei kurz umrissen, was in diesem Abschnitt erörtert wird.

Augenkontakt bedeutet für die gesamte Argumentationstechnik einen großen Sicherheitsfaktor. Bei vielen Verhandlungen begehen die Partner den fundamentalen Fehler, ihre Argumente vorzutragen, ohne ihren Partner dabei anzusehen (manchmal kramen sie sogar noch in ihren Akten). Die Eindringlichkeit des Argumentes wird durch den Augenkonnex unterstrichen. Auch im täglichen Leben schauen wir unseren Partner bei wichtigen Bemerkungen an. Wir können die Wirkweise des Augenkontaktes selber leicht nachprüfen. Schauen wir einfach einmal einen Menschen unmotiviert eindringlich an, dann wird er unsicher und versucht, unserem Augenkontakt durch ein nichtssagendes Lächeln zu entfliehen. Er hält unserem »Augendruck« nicht stand. Bei Rednerschulungen läßt sich so die kommunikative Breite und Variationsmöglichkeit der Teilnehmer feststellen.

Man kann sogar behaupten, daß durch die Begegnung der Augen die Suggestivkraft erst zur Entfaltung kommt. Entscheidend ist, Augenkonnex signalisiert seelische Stärke und vor allem selbstsichere Überzeugungskraft. Es wird so für unseren Gegenspieler sehr schwer werden, Gegenargumente zu bringen oder Widerspruch anzumelden, weil er durch starken Augenkontakt gehemmt wird. Das ist kein billiger Kniff – im Gegenteil. So allein wird die eigene volle Persönlichkeit in die Argumentation eingebracht. Durch fehlenden Augenkontakt kann man sogar unglaubwürdig wirken, die Argumente, Beweise und Aussagen erscheinen farblos und werden auch nicht mehr ganz ernst genommen.

Ganz unmöglich ist es, Argumente abzulesen und dabei auch noch ihre Wichtigkeit zu betonen. (Das ist genau so, als ob man eine Liebeserklärung ablesen würde!)

Zu beachten ist immer, welche Reaktionen unsere Argumente beim Partner hervorrufen. Dadurch müssen wir uns in der Auswahl unserer Argumente steuern lassen. Sehen wir, daß die ersten Argumente beim Partner Wirkung zeigen, dann können wir Argumente derselben Art folgen lassen, stellen wir aber das Gegenteil fest, dann ist es ratsam, andere Argumente zu bringen. Eine Argumentation läßt sich niemals in allen Einzelheiten am grünen Tisch vorbereiten, sondern richtig überzeugend argumentieren heißt, auf Reaktionen des Partners schlagfertig eingehen zu können.

Zudem erreiche ich durch Augenkontakt dauernde Aufmerksamkeit. Ich vermag meinen Partner zu fesseln. Mein Blick kann ihn festhalten, so daß er mir nicht weglaufen kann. Ich bestimme die Situation, eine Flucht aus dieser Situation wird dann für meinen Gesprächspartner kaum möglich sein. Aber auch hier gilt persönliche Bescheidenheit. Wirkungsvoll argumentieren heißt, nicht persönliche Triumphe feiern wollen.

Durch Augenkontakt wird das Gesagte wirkungsvoller, die Bedeutung des Arguments wird unterstrichen. Der wesentliche Faktor ist der, daß unser Partner zuhören muß. Die Konzentration beim Zuhören wird beträchtlich gesteigert. Deshalb gilt ein wichtiger Grundsatz:
Augenkontakt ist halber Ohrenkontakt.

Sicherlich begegnen wir oft Menschen, die uns sowohl bildungsmäßig als auch kommunikativ unterlegen sind. Auch mit ihnen müssen wir argumentieren. Hier können wir Argumentationshilfe leisten. Sie besteht sicherlich nicht darin, den anderen bloßzustellen wegen seiner mangelnden Kenntnisse oder Ausdruckweisen. Trotzdem müssen wir für ihn mit kommunikativ sein. Floskeln wie »können Sie sich genauer ausdrücken«, »es ist nicht ganz klar, was Sie sagen« oder »wie kommen Sie dazu« lassen sich vermeiden, denn sie sind für den anderen diffamierend. Besser ist »ich habe Sie schon verstanden«, »könnte man das auch anders formulieren« oder »ich darf nur ergänzend hinzufügen«. So würde ich für meinen Partner eine kommunikative Hilfe bedeuten, ohne ihn bloßzustellen. Das muß manchmal geschehen, damit mein Partner den Mut hat, sich zu artikulieren, ich brauche ihn ja als Gesprächspartner. Hier liegt allerdings die Gefahr, daß Schwächen ausgenutzt werden und zugunsten des kommunikativeren Partners manipuliert wird. Richtig argumentieren heißt also auch, dem Gegner die Möglichkeit geben, sein Anliegen ohne Angst vor dem kommunikativen Versagen aussprechen zu können.

Durch konnexintensive Kommunikation in Stimmführung und Augenkontakt sollte es uns gelingen, eine optimale Argumentationstaktik zu erreichen. Noch einmal sei betont: Das Argument wirkt immer nur in Verbindung mit der Person, die es formuliert.

4. Die Reaktionsfähigkeit als wichtige Voraussetzung ist erlernbar

Es besteht wohl kaum ein Zweifel darin, daß man beim Argumentieren schnell, treffsicher und wirkungsvoll reagieren muß. Richtiges und vor allem schnelles Reagieren sind wesentliche Voraussetzungen sowohl des Diskutierens wie auch des Argumentierens, denn wäre die Reaktion falsch oder auch zu spät, würde dies die Wirkung des Arguments zunichte machen. Eine Information ist immer mit einer Wertung verbunden. Diese Wertung wird oft nur durch die richtige Reaktion deutlich, während sonst Mißverständnisse oder auch Nichtverstandenwerden die Folge sind. Grundsätzlich kann man nur überzeugend argumentieren, wenn man die freie Rede beherrscht. Deshalb soll hier kurz das Wesen der freien Rede erwähnt werden.

Rede – ganz allgemein verstanden – ist Kommunikation mit einem Menschen oder mit vielen Menschen (Massenrede). Rede ist kein Monolog, sondern ein Dialog mit dem Zuhörer. Beide, Sprecher und Zuhörer, sind aktiv am Kommunikationsprozeß der Rede beteiligt. Freie Rede ist also nicht nur eine Rede am Rednerpult, sondern jegliche sprachliche Beziehung zwischen Menschen. Freie Rede sollte immer gekonntes Gespräch sein. Der Zuhörer nimmt aktiv am Kommunikationsprozeß teil. Während der Zuhörer angesprochen wird, kann er nie neutral bleiben. Er muß auf das Gehörte in irgendeiner Form sprachlich oder außersprachlich reagieren. Da diese Reaktionen sich meist auch außerakustisch durch Mimik oder Gestik kundtun, also sinnenhaft sind, nennt man sie »sensorische Rückwirkungen.«

Reaktionen des Gesprächspartners (= feed-back):

a) *akustisch:*	Zustimmung, Widerspruch, Gegenargumente usw.
b) *außer-akustisch:*	Mimik, Gestik, Desinteresse, fehlender Augenkontakt usw.

Die Rückwirkungen, das »feed-back«, sind sowohl hörbar als auch sichtbar. Bei der Argumentation scheinen mir die außerakustischen Rückwirkungen noch wertvoller zu sein als die hörbare Sprache, weil man hier Reaktionen wahrnehmen kann, die vielsagend sind (das, was zwischen den Zeilen liegt). Man sieht meist auch an den nonverbalen Äußerungen, wie das Argument ankommt. Wer blitzschnell solche Reaktionen erfassen kann, ist beim Argumentieren im Vorteil. Das feed-back ist also ein Geschenk des Augenblicks, das mir signalisiert, wie das von mir Gesagte aufgenommen, begriffen und verarbeitet wurde. Mehr noch: ein perfekter freier Redner kann sogar erkennen, in welcher Weite und Tiefe alles aufgefaßt wurde. Das feed-back stellt die Einheit zwischen Redner und Zuhörer her.

Merke: *Bei jeder freien Rede sind Sprecher und Hörer gleichzeitig und gleichwertig am Zustandekommen der Rede beteiligt.*

Aufgrund der Reaktionen beider Partner wird die Rede erst gestaltet. Eine Rede auf dem Papier gibt es nicht. Ein Gespräch kann man nicht bis in alle Einzelheiten vorbereiten, weil es aufgrund des feed-back situationsbedingt ist. Das feed-back kann also bei der argumentativen Rede folgendes bewirken:

1. Meine Argumente werden mir bewußter.
2. Ich erkenne, mit was für einem Partner ich es zu tun habe.
3. Ich kann mich blitzschnell auf meinen Partner einstellen.
4. Ich treffe manchmal erst jetzt die Wahl der passenden Argumente.
5. Ich erkenne, ob ich diesen oder jenen Gedanken noch einmal wiederholen oder neu formulieren muß.

	feed-back
positiv:	Aufmerksamkeit, Ruhe, Augenkontakt, Fragen, erstaunte Blicke, Engagement usw.
negativ:	Unaufmerksamkeit, fehlender Blickkontakt, Husten, unnötiges Blättern, Gähnen usw.

Das gegenseitige feed-back kann sehr gestört werden, was man unbedingt vermeiden sollte. Klingeln des Telefons und Telefongespräche, Einschenken von Getränken, Störungen aller Art durch andere Leute, Zurechtrücken von Möbeln, Lärm von draußen usw. sind empfindliche Störfaktoren, die das gegenseitige feed-back der Gesprächspartner zerreißen. Das Gespräch muß dann nach jeder Störung neu geknüpft werden, die Stromkreise des Verstehens zwischen den Partnern neu geschlossen werden. Manches gute Argument ist schon durch eine unbeabsichtigte und wohl auch beabsichtigte Störung zunichte gemacht worden. Es muß also daran gedacht werden, jede voraussehbare Störung möglichst vor jedem Gespräch schon zu verhindern.

Man sollte dankbar für jedes feed-back sein. Man lernt sich selbst kennen und seine Wirkung auf andere richtig einschätzen. Man sollte aber auch bereit sein, selbst beim Gespräch ein feedback zu geben.

1. Sagen Sie Ihre Eindrücke.
2. Zeigen Sie auch Gefühlsregungen.
3. Sagen Sie auch, wenn Sie sich geirrt haben.
4. Haben Sie den Mut, offen zu sagen, wenn Sie etwas nicht verstanden haben.
5. Äußern Sie sich so, daß Sie Ihren Partner nicht verletzen.

Man könnte das feed-back auch mit Stromimpulsen vergleichen, die das Gespräch in Gang bringen und weiterlaufen lassen. Ohne gegenseitiges feed-back ist ein Gespräch nichtssagende Banalität (was sich ja bei manchen Unterhaltungsgesprächen leicht nachweisen läßt). Hier ein kleines Beispiel für Kommunikation ohne aufrichtiges feed-back. Man trifft einen flüchtigen Bekannten auf der Straße. Nach der kurzen Begrüßung verfällt man in nichtssagende Redensarten: »Wie geht's?« (weil uns nichts anderes einfällt!) – Der Angesprochene antwortet ebenfalls banal mit »gut« (was soll er auch sagen?) – Jetzt weiß man nicht, wie es weitergehen soll. Man steht vor einer kommunikativen Schwierigkeit, und da kommt einem das Wetter zu Hilfe. Man macht z.B. die fundamentale Feststellung, daß es regnet (dabei trieft einem der Regen nur so von den Kleidern). Eine banale Feststellung reiht sich an die andere, weil man mit persönlichen Reaktionen kaum rechnet.

Durch das feed-back wird der eigentlich gewollte Sprechkontakt angeregt. Es werden kommunikative Kräfte freigesetzt, die erst das Gespräch sinnvoll machen.

Dabei ist die Rolle des Zuhörers äußerst wichtig. Der Zuhörer löst den Sprechakt beim Sprecher ja erst durch das feed-back aus.

Es ist außerordentlich wichtig, daß man seinen Redeinhalt, am wenigsten natürlich die eigentlichen Argumente, nicht ablesen darf. Im Manuskript, bzw. in den Akten, steht nur das Stichwort, also der sogenannte Denkimpuls. Wer abliest, sieht keine Reaktionen des Partners, weil er ans Manuskript gefesselt ist. Dann entsteht auch leicht ein Monolog, weil die Beziehung zum Partner fehlt. Es muß ein ständiges Geben und Nehmen aufgrund beiderseitiger Reaktionen sein. Das ist ein wundervolles Wechselspiel. Der Zuhörer ist Gebender im Verstehen und der Sprecher ist Gebender im Reden. So kann man mit Recht behaupten: es gibt keinen langweiligen Stoff, es gibt nur einen langweiligen Sprecher. Man kann jedes Argument so interessant darstellen, daß Reaktionen niemals ausbleiben können. Es ist unmöglich bei einem freien Sprecher (also bei dem, der Reaktionen wahrnimmt und sie auswertet), daß ein Gesprächspartner nicht voll konzentriert zuhört. Wir können also das Wesen der freien Rede durch folgendes Schema verdeutlichen:

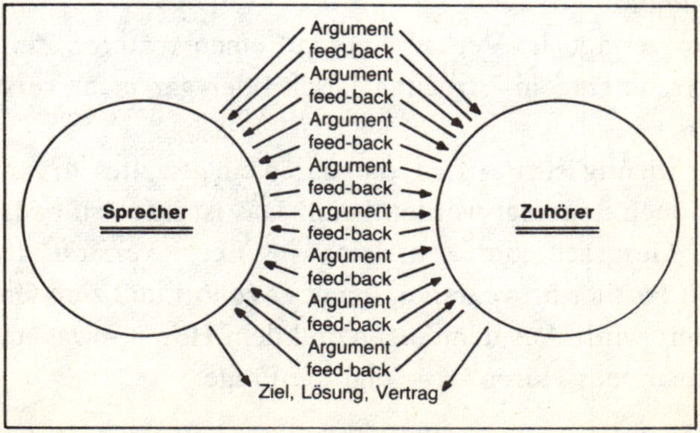

Wichtig ist beim Gespräch, daß anfangs ein Ausdruckswille vorhanden ist. Dazu kommt der Einfall und schließlich der Impuls zu beginnen. Dabei muß ich in einem für mich formulierten Zwecksatz (das was ich erreichen möchte) mein Ziel immer vor Augen haben.

Fassen wir das Wesen der freien Rede in einem Merksatz zusammen:

Das freie Reden ist ein Sprechen in freier Formulierung unter Einbeziehung der Hörer-Reaktionen auf vorausgeplante Ziele hin.

Selbstverständlich kann man nie genug über das tatsächlich offene und verborgene Denken des Partners aus seinen Reaktionen erfahren. Je mehr er durch Reaktionen kundtut, desto leichter fällt es, sich auf ihn einzustellen und entsprechende Argumente zu wählen. Man kann sich darin üben, alle Reaktionen des Zuhörers wahrzunehmen und sie richtig zu werten.

Bei Spannungen oder Aggressionen beziehen sich die Reaktionen wohl selten auf Argumente, sondern vielmehr auf die Person. In einer solchen Situation sollte man möglichst nicht mehr weiter verhandeln.

Entweder:

1. Man versucht, Spannungen oder Aggressionen abzubauen, was nicht ganz einfach sein dürfte (vielleicht gelingt es am besten mit Humor).
2. Man vertagt die Verhandlung auf einen späteren Zeitpunkt, weil Argumente in Erregung falsch oder gar nicht verstanden werden.

Sehr wichtig ist zu wissen, daß durch ein gezieltes Argument zu Reaktionen angeregt werden kann. Das ist insofern bedeutend, da ein Gespräch sonst sehr leicht ins Leere verläuft. Ich muß meinen Partner provozieren, damit er zuhört und zum Gespräch motiviert wird. Aus dem Sagen und dem Hören – was nicht nur ein akustisches Hören ist – folgt die Frage.

Sagen
\+ Hören
____
Fragen

Folgt aus dem Sagen und Hören keine Frage, dann ist das Gespräch gescheitert.

Eine Reaktion des Partners sollte man auch belohnen, indem man darauf eingeht oder zu erkennen gibt, daß man ihm folgt. Wie oft fragt man sich in einem Gespräch: »Hat er mich verstanden?« oder »Warum sagt er mir nichts darauf?« Durch Kopfnikken, Gestik und Mimik oder indem Sie z.B. »interessant« einwerfen, wird Ihr Partner motiviert, weiterzureden und neue Argumente zu bringen. Die Motivation zum Reden geht also immer vom jeweiligen Partner aus. Bedenken Sie aber, wie vielen Menschen es schwerfällt, gleich Reaktionen zu zeigen. Sie sind es nicht gewöhnt zu sprechen, zu diskutieren oder zu argumentieren. Machen Sie ihnen Mut, indem Sie ihre Aussagen durch Ihre Reaktionen belohnen. Dann wird Ihr Partner weitersprechen.

Zum Schluß dieses Abschnitts muß eine ganz entscheidende Frage gestellt werden. Wie lange glauben Sie, daß ein Zuhörer bei einer Rede oder bei einem Gespräch konzentriert zuhören kann? Sie werden staunen: Es sind knapp 10 Minuten! Nun kann man aber nicht jede Rede nach 10 Minuten beenden, sondern es gibt einen anderen Weg. Man kann die Sinndichte des Gesagten ändern, so daß der Partner nicht immer äußerst konzentriert zuzuhören braucht. Wenn man dem Zuhörer Zeit läßt, mal ein paar Sekunden zu verschnaufen, dann wird er immer wieder konzentriert folgen können. Man sollte also durch viele Beispiele, Schaubilder aller Art, Anschauungsstücke oder auch durch Humor die Rede auflockern. Der Hörer hält permanente Konzentration nie durch.

Merke: *Bei jeder Rede sollte man abwechselnd mal schwere und mal leichte Kost bieten.*

Bei Argumentationsketten müssen wir sogar das oben Gesagte noch einschränken, weil man sich bei jedem Argument besonders stark konzentrieren muß. Dabei sollte man seinem Gesprächspartner nur 4 bis 5 Minuten höchster Konzentration zumuten. Hier ist die geistige Anspannung so stark, daß es leicht möglich ist, seinen Partner geistig zu überfordern.

Merke: *Geistige Konzentration ist nicht unbegrenzt möglich. In der Regel läßt die Konzentration nach 8 bis 10 Minuten nach.*

Aus den Reaktionen des Partners erkennt man,

1. ob eine Information überinterpretiert wird. Beiläufig Gesagtes muß auch als solches erkannt werden, sonst könnte etwas Unwichtiges als falsches Argument gewertet werden, was wieder zu Mißverständnissen führt.
2. ob es sich um ein wirkliches Argument oder um eine fragwürdige Meinung handelt.
3. ob mein Partner mich als Person voll akzeptiert oder nicht.

Die persönliche Beziehung zu einem Argument ist äußerst wichtig. Das Argument als Argument bedeutet nicht sehr viel. Die persönliche Bindung an das Argument läßt sich sowohl beim Sprecher als auch beim Zuhörer nur an den Reaktionen feststellen.

5. Das Lampenfieber als Energiequelle zum Argumentieren

Diese Überschrift wird Sie, lieber Leser, sicher erstaunen. Es ist in der Tat so, Lampenfieber ist eine große Energiequelle zum Sprechen und Denken. Genau das Gegenteil bekommen wir oft bei Rednerschulungen zu hören. Man will sein Lampenfieber los werden – und das geht niemals. Lampenfieber zu haben, ist ganz normal. Es geht nicht darum, das Lampenfieber total abzubauen, sondern vielmehr darum, damit fertig zu werden. Lampenfieber zu überwinden und es in eine Energiequelle umwandeln zu können, das ist unser Ziel.

Wir verbinden Lampenfieber immer mit »reden müssen«. Das ist eine unberechtigte Einschränkung. Lampenfieber haben wir auch bei anderen Gelegenheiten, nämlich immer dann, wenn wir in für uns ungewohnte Situationen kommen, sei es ein Vorstellungsgespräch oder bei einer Ehrung, die wir über uns ergehen lassen müssen (dann brauchen wir ja meist nicht zu reden) oder bei schriftlichen und mündlichen Prüfungen.

Lampenfieber äußerst sich durch Nervosität, Schwitzen, Unruhe und manchmal sogar seelische Not.

In den Nebennieren wird ein sehr wichtiges Hormon erzeugt, das Adrenalin. Es sorgt für Ausgeglichenheit und körperliches und seelisches Wohlbefinden. Kommt man aber in ungewohnte Situationen, dann erzeugen die Nebennieren zu viel Adrenalin. Das macht uns nervös und unruhig. Das Lampenfieber geht also – um es medizinisch vereinfacht zu sehen – auf eine Überproduktion des Adrenalins zurück.

Man muß also das Lampenfieber überwinden. Medikamente oder Alkohol überwinden nichts, sondern sie betäuben, was äußerst gefährlich sein kann. Wir haben zwar kein Lampenfieber mehr, aber auch kein Engagement und keinen Mut mehr, eine bewußte Argumentation aufzunehmen.

Lampenfieber kann *zwei Erscheinungsweisen* haben:

1. beim *kommunikativen Anfänger:* Er hat wirklich Angst, steckenzubleiben, den Faden zu verlieren oder völlig zu versagen.
2. beim *kommunikativen Profi:* Er hat »Angst«, daß er seine Höchstleistung nicht erzielen kann, daß er keinen Erfolg hat oder daß er es nicht schaffen könnte, äußerst situationsgerecht zu argumentieren.

Der Leser wird es mir bestimmt nachsehen, wenn in diesem Abschnitt nicht alles über Lampenfieber gesagt werden kann.

Das würde den Rahmen und das gesteckte Ziel des Buches überschreiten (siehe Literaturverzeichnis). Dennoch sollen die wichtigsten Erkenntnisse fürs Argumentieren als unbedingt notwendig dargestellt werden.

Merke: *Je kritischer unser Partner, desto größer unsere Redeangst, aber desto leichter läßt sie sich auch überwinden.*

Das Lampenfieber als seelische Kraft wird umgewandelt in Begeisterung für den Partner und die Sache.

Diese Erkenntnis ist völlig neu. Psychologen sprechen von Sublimation, d.h., eine seelische Kraft kann in eine andere umgewandelt werden. Deshalb wiederholen wir noch einmal den Merksatz: Das Lampenfieber (als seelische Kraft) wird umgewandelt in Engagement (als neue seelische Kraft). Die Umwandlung erfolgt vorwiegend durch die Motivation, sprechen zu können und sprechen zu wollen.

Diese Erkenntnis ist unwahrscheinlich wichtig, weil damit viele Kommunikationsprobleme gelöst werden können. Wer um diese Erkenntnis weiß und sie in seinem Bewußtsein integriert, wird bei jedem Kommunikationsprozeß leichtes Spiel haben. Man fühlt sich motiviert zu sprechen und durchschaut falsche Minderwertigkeitskomplexe.

Denken Sie daran, daß Sie in Ihrem Alltag viel schwierigere Situationen meistern müssen, als zu Menschen zu reden oder mit ihnen zu argumentieren. Das schaffen Sie spielend. Warum sollten Sei beim Argumentieren mit für Sie fremden oder höhergestellten Partnern versagen? Das Lampenfieber beruht sehr stark auf Vorurteilen. Es werden Schwierigkeiten tradiert, die keine sind. Sollte das Lampenfieber Ihnen den letzten Nerv rauben, denken Sie daran, Sie haben einen Beruf, der Ihnen in vielerlei Beziehungen mehr abverlangt.

Auch ein zweites Vorurteil läßt sich leicht entkräften. Die eigene Ich-Stellung ist stark überbetont. »Was wird mein Partner von mir denken?« – »Werde ich einen guten Eindruck machen?«

Solche Fragen im Unterbewußtsein führen zu nervösem Lampenfieber. Natürlich wird Ihr Partner etwas über Sie denken. Er wird sich auch ein Urteil über Ihre Person bilden. Aber wer sagt Ihnen, daß dieses Urteil gleich schlecht sein muß? Denken Sie daran, Ihr Partner gibt Ihnen zunächst immer Vertrauen auf Vorschuß, er ist Ihnen gegenüber also positiv eingestellt. Nur, wenn Sie dieses Vertrauen verspielen, ist Ihr Lampenfieber berechtigt. Außerdem denken Sie daran, wie oft Sie im Leben Farbe bekennen müssen. Auch das bewältigen Sie. Warum sollten sie also in der speziellen Lebenssituation des Argumentierens versagen? Für jede Argumentation muß man sich motivieren. Sie sind mit Ihren Argumenten von der Wahrheit überzeugt. Dann sollten Sie sich auch gedrängt fühlen, diese Wahrheit Ihrem Partner gegenüber auszusprechen. Was mich selber bedrängt, wovon ich sogar überzeugt und begeistert bin, das will ich auch gegenüber dem Partner äußern. Der Mitteilungswille darf durch das Lampenfieber nicht vermindert werden. Eine innere Freude muß Sie beseelen, überzeugende Argumente zu formulieren und dadurch Ihren Partner mehr oder weniger provozieren zu können. Denken Sie einmal an Ihren Alltag. Wie oft kommt es da vor, daß Sie Ihre Meinung verteidigen, weil Sie von Ihrer Sache überzeugt sind?

Lampenfieber ist – wie oben schon gesagt – normal. Natürlich kann es kaum oder sehr heftig auftreten. Das hängt davon ab, welchen Partner wir vor uns haben oder in welcher Situation wir uns befinden. Es kann sogar vereinzelt vorkommen, daß wir überhaupt nicht mehr denken können. Eine alte Weisheit drückt das sehr treffend aus:

»Das menschliche Gehirn ist eine großartige Sache. Im Augenblick deiner Geburt beginnt es zu arbeiten und hört damit auf, wenn du dich erhebst, um eine Rede zu halten.«

Durch gezieltes Kommunikationstraining läßt sich Lampenfieber vermindern. Aber, um es noch einmal zu betonen, wir brauchen das Lampenfieber, um durch Sublimation zu begeistertem Engagement zu gelangen.

Es lassen sich viele Gründe aufzeigen, die Lampenfieber verursachen können. Sie seien hier in Kürze aufgeführt:

1. Mangelnde Vorbereitung:

Das ist der Hauptgrund. Wenn mir das Wissen fehlt, dann bin ich meinem Partner natürlich nicht gewachsen. Ich muß mir zunächst meine Hauptargumente einprägen. Auf alle Fälle muß ich mehr von der Verhandlungsmaterie wissen, als ich für die spezielle Verhandlung brauche, damit ich immer aus dem Vollen schöpfen kann. Wenn ich den Stoff souverän beherrsche, brauche ich keine Angst (Lampenfieber) zu haben, daß ich versagen könnte.

2. Überschätzung des Lampenfiebers:

Es ist in der Tat ein tradiertes Vorurteil, daß Argumentation in freier Rede eine ganz außergewöhnliche Sache sei. Dabei handelt es sich um einen Schwierigkeitsgrad, den man auch sonst im Alltag bewältigen kann.

3. Man ist nicht motiviert:

Ich muß mich für meine Argumente begeistern, d.h. ich bin mindestens von der subjektiven Wahrheit meiner Aussage überzeugt und diese Wahrheit drängt mich, sie auch mitzuteilen. Die Motivation läßt mich nicht nur das rechte Wort finden, sondern verhilft mir auch zu einer wirkungsvollen Ausdrucksweise.

4. Ich traue mir nichts zu:

Es ist eine unberechtigte Angst vor einer Ich-Darstellung. Man wagt es nicht, sich zu äußern, weil persönliche Schwächen und Unvollkommenheit entdeckt werden könnten. Aber jede Kommunikation sagt etwas über meine Person aus, wie wir bereits gehört haben. Die Zweifel an meiner Person sind meist unberechtigt. Wenn man zufriedenstellend einen Beruf ausüben kann, dann braucht man auch keine Kommunikationsschwierigkeiten zu haben. Man sollte beherzt diesen Schwierigkeiten entgegentreten, dann ist das Lampenfieber schon sublimiert.

5. Falsche Einschätzung des Gesprächspartners:
Man glaubt, der Gesprächspartner sei einem geistig überlegen, oder er sei überkritisch. Bereitet man sich aber gut vor, dann braucht man sich eben davor nicht zu fürchten. Auch auf nichterwartete Zwischenfragen des Partners wird man dann schon die rechte Antwort finden. Es ist also demnach sehr wichtig, sich vor der Konferenz Gedanken über seinen Partner zu machen, damit man allen schwierigen Situationen, sowohl inhaltlich wie auch kommunikativ, gewachsen ist. Es ist ein Irrtum zu glauben, Routinegespräche hätten kaum etwas mit Lampenfieber zu tun. Das Gegenteil ist der Fall. Es sei nicht geleugnet, daß Routine Sicherheit in der Gesprächsführung garantiert. Aber dennoch muß gesagt werden, daß Routinegespräche deshalb mehr Lampenfieber erzeugen können, weil man nichts an Neuigkeiten aufzuweisen hat. In festgefahrenen Bahnen gelingen keine motivierenden Aussagen. Jedes Argument muß mindestens sprachlich eine Neuschöpfung sein. Im kreativen Gedankenfluß entdeckt man immer wieder neue Perspektiven eines Arguments.

Meine Person ist das Hauptargument einer erfolgreichen Argumentationsweise – so ist dieses Kapitel überschrieben. Die personale Beziehung aller Argumente ist ein Faktor, der bisher in der Fachliteratur viel zu wenig beachtet wurde. Der Verfasser hofft, daß er diese Lücke wenigstens teilweise schließen kann.

III. Wie bereite ich eine Argumentation vor und wie wende ich die Argumente an? Der inhaltliche Bestandteil jeder Argumentation

1. Was ist ein Argument?

Ein Argument ist ein Beweismittel, um eine Ansicht zu begründen. Beschränken wir uns auf diese kurze Definition, um das Wesentliche eines Arguments zu sehen. Unklare und weitschweifige Definitionen verwirren mehr als sie klarstellen.

In diesem Kapitel geht es auch nicht darum, alle Argumentationstheorien darzustellen. Das würde den Rahmen dieses Buches sprengen und für die Praxis, d.h. für die Anwendung von Argumenten kaum nützen. Argumentation ist im Grunde genauere Erklärung einer Sache. Ein Argument zeigt in pointierter Weise und in inhaltlicher Raffung, was man als Beweismittel ansieht. In jeder Beweisführung wird eine Streitfrage gemäß den eigenen Interessen formuliert und beantwortet. Wenn man einen Eierkuchen backen möchte, dann muß man wenigstens *ein* Ei haben, d.h., wenn man argumentieren möchte, dann muß man wenigstens ein stichhaltiges und überzeugendes Argument kennen, sonst wird das höchstens eine unterhaltsame Plauderei.

Um glaubwürdig zu wirken, muß die Beweisführung stichhaltig und beweiskräftig sein. Der Schwerpunkt eines Arguments liegt in der Belehrung, ohne deshalb jedoch die emotionalen Überzeugungsmittel außer acht zu lassen. Selbstverständlich spielen auch gerade hier Lebenserfahrung und Menschenkenntnis eine große Rolle. Nicht nur das psychologische Einfühlungsvermögen ist nötig, z.B. muß man wissen: *welche Argumente, zu welchem*

Zeitpunkt, für welchen Partner und *wieviele Argumente?!* Sicher können Sie davon ausgehen, daß zu viele Argumente eher abstoßen als die Überzeugungskraft steigern. Es ist auch eine Ermessensfrage, welcher Argumentationsweise man den Vorzug gibt. Das läßt sich nicht immer am grünen Tisch entscheiden, sondern bleibt weitgehend eine Situationsfrage. Denken Sie auch daran, wie verwickelt manche Probleme sind. Eine völlige Klärung durch Diskussion ist nicht immer möglich. Jedenfalls gilt immer, eine wirkungsvolle Einschränkung auf die passendsten Argumente zu bedenken. Eine optimale Wirkung wird durch einen starken Einsatz der eigenen Persönlichkeit garantiert.

Argumente dürfen kein brillantes Blendwerk sein. Fauler Zauber, hinter dem nichts steckt, ist auch nichts. Denken Sie immer daran: *Was nicht wirkt, das schadet!*

Grundsätzlich gilt: Wenn Ihr Gegner mit einer Kanone auf Sie schießt, dann nützen Ihnen Pfeil und Bogen nicht viel, dann müssen Sie schon stärkere Waffen auffahren.

Kein Argument ist grundsätzlich unwichtig. Je mehr Argumente Sie bereitliegen haben, desto besser für Sie, auch, wenn nicht alle Argumente von Ihnen gesagt werden.

Um pointiert, stichhaltig, zielgerecht und überzeugend argumentieren zu können, müssen Sie zwei Voraussetzungen beachten:

1. Ihr Beweis muß ganz kurz gefaßt sein. *Vermeiden Sie Weitschweifigkeit.*
2. *Die sprachlichen Begriffe müssen für jeden Partner eindeutig sein.* (z.B. der Begriff »Materie« bedeutet in der Philosophie etwas anderes als in den Naturwissenschaften). Sollte diese Eindeutigkeit nicht gegeben sein, dann müssen Sie vorher mit Ihrem Partner ein klärendes Gespräch führen.

Vermeiden Sie jede Haarspalterei (im Gegensatz zu gründlichem Analysieren!), denn so werden Sie keinen Schritt weiterkommen. Dann zersplittert man sich in Nebensächlichkeiten und die Wirkkraft der argumentierenden Aussage geht verloren.

Sehr gut ist es, die Argumente nicht nur *vor-*, sondern auch *nach*zubereiten (davon ist später die Rede). Überlegen Sie, welche Argumente auf Ihren Gegner Eindruck machten, welche Gegenargumente er vorbrachte und welche Dinge Sie am besten nicht gesagt hätten. Aus der argumentativen Praxis kann man nur lernen. Sie müssen immer versuchen zu überzeugen, statt Ihren Partner zu verführen (was sich später sehr rächen könnte).

Wer nicht genau weiß, wohin er will, braucht sich nicht zu wundern, wenn er ganz woanders ankommt.

Seien Sie immer gut informiert. Zeigen Sie, wie gut Sie in der Materie Bescheid wissen. Man braucht eben einen guten Wissensstand, um gute Vorschläge machen zu können. Dann können Sie auch während der Argumentation eine ungeahnt große Kreativität entwickeln. Bedenken Sie, daß der Argumentationsprozeß ein Einigungsprozeß ist. Beiden Partnern soll geholfen werden. Es ist ein guter Kompromiß, eine für beide Teile erfolgreiche Sache zu erreichen. Man muß auch die persönliche Meinung ändern, wenn die Argumente des Partners klar und überzeugend sind. Grundsätzlich muß der Partner erst Ihr Argument bestätigen, entkräften oder widerlegen. Sonst sind Sie nicht verpflichtet, weitere Argumente zu bringen.

Mit einer geschickten Technik (wie später dargelegt wird) können Sie das Schlimmste verhüten. In der »Fachsprache« heißt das: »Wir haben noch einmal die Kuh vom Eis gekriegt.« Denken Sie bei jeder Argumentation an folgende Grundsätze:

1. Stellen Sie *keine ungenauen Fragen.*
2. Haben Sie *keine Scheu vor Rückfragen.*
3. Antworten Sie *kurz, ehrlich* und *offen.*
4. *Berücksichtigen Sie den Wissensstand des Partners.*
5. Haben Sie keine Scheu Ihren Partner zu *fragen, was er wirklich meint.*

Was ist nun ein Argument und was ist keins?. Z.B.: »Warum

gehe ich spazieren?« Zu diesem Thema müssen Kursteilnehmer gelegentlich Argumente suchen. Fast immer kommt das »Argument«: »damit ich gesund bleibe.« Das ist ein fadenscheiniges Argument, denn es ist viel zu allgemein und außerdem kann ich auch auf andere Weise gesund bleiben. Ein wirkliches Argument dazu wäre etwa: »Um die Natur genauer beobachten zu können, denn ich interessieren mich für alles, was blüht.« Es gibt Behauptungen, für die *ein* durchschlagendes Argument genügt.

Etwa:

1. Die Fußballbundesliga kann keine festgesetzte Winterpause haben, weil wir in Deutschland nie voraussagen können, wann die Schneemonate sind.
2. Jeder Betrieb muß investieren, damit er wettbewerbsfähig bleibt.
3. Man darf die Ursache für eine Wirtschaftskrise nicht nur im eigenen Land suchen, denn so etwas ist immer teilweise auch international bedingt.

Jedes Argument muß schlüssig sein. Die Prämissen müssen wahr sein, d.h. der Inhalt muß mit den Tatsachen übereinstimmen, wenn das Argument schlüssig sein soll.

Zum Beispiel:

Alle Menschen sind sterblich.
Hans ist ein Mensch.
Also ist Hans sterblich.

Nach dem antiken Rhetoriker Quintilian beruhen Beweise auf vier Schlußfolgerungstypen:

a) Weil etwas ist, ist etwas anderes nicht (Es ist Tag, es ist also nicht Nacht.).

b) Weil etwas ist, ist etwas anderes auch (Die Sonne ist über der Erde, es ist also Tag.).

c) Weil etwas nicht ist, ist etwas anderes (Es ist nicht Nacht, es ist also Tag.).

d) Weil etwas nicht ist, ist etwas anderes auch nicht (Weil es nicht kalt genug ist, ist das Wasser nicht zu Eis gefroren.).

Es ist relativ leicht, *Argumente* des Gegners zu *entkräften:*
1. *Durch Gegenargumente.* Das Argument des Partners verliert an Wert oder wird sogar ins Gegenteil verkehrt.
2. *Durch Verunsichern der anderen Person.* Man verwirrt durch einige nachfolgend beschriebenen Argumentationstechniken.
3. Durch *Fragwürdigmachen der gegnerischen Argumente.* Man kann schließlich alles anzweifeln. *Machen Sie das Argument des Partners zum Problem,* denn mit Problemen kann man nicht argumentieren. Ein Problem bleibt ein Problem und ist eben kein Argument.

Selbstverständlich muß ich alle meine Argumente in der konkreten Argumentationssituation auswendig wissen. Ein abgelesenes Argument ist ein Widerspruch in sich. Wovon ich überzeugt bin, kann ich schließlich nicht ablesen.

Bei jeder Argumentation ist das Problem eines nicht-wirksamen Arguments immer mit aus der Sicht des Partners zu sehen. Ein an sich einsichtiges Argument braucht für Ihren Partner noch lange nicht einsichtig zu sein. Viele Menschen vermögen nicht logisch zu denken. Je gefühlvoller Ihr Partner, desto weniger Logik dürfen Sie voraussetzen. Fast Dreiviertel der motivierten Entscheidungskraft geht aus dem Unterbewußtsein hervor.

»Um Erfolg zu haben, mußt Du den Standpunkt des anderen annehmen und die Dinge mit seinen Augen sehen« (Henry Ford). Was also ein triftiger Grund ist, entscheide ich nicht selbst, sondern mein Partner. Die Wertung der Argumente hängt ebenfalls von meinem Partner ab. Wie schon gesagt, muß ich also blitzschnell die Situation erfassen und meine Argumente umdisponieren können. Ganz neue Ideen, die Unbequemlichkeit oder Gefahren mit sich bringen, werden manchmal schnell abgewehrt. Das eigene soziale Verhalten wird nicht immer zur Kenntnis genommen.

Sehr günstig ist es, die Wir-Form zu wählen, weil sie nicht

belehrend wirkt. Sagen Sie nicht: »*Sie* müssen bedenken«, sondern: »*Wir* müssen bedenken.« Die Einwände des Gegners müssen Sie mit vorbereiten, soweit Sie sie vorausahnen können, wenn Sie den Argumentationsweg vorbereitend überlegen. Was wird Ihr Partner auf Ihre Argumente antworten? Bereiten Sie möglichst mehrere Gegenantworten vor. Nehmen Sie bitte bei Ihrer Darlegung alle voraussehbaren Einwände Ihres Partners vorweg. »Jetzt werden Sie mir entgegenhalten« oder »Dies werden Sie sicher mit dem Gegenargument entkräften«. Damit nehmen Sie Ihrem Gegner den Wind aus den Segeln. Wenn Sie selbst schon den Einwand gebracht haben, wird Ihr Gegner nichts mehr sagen können.

Bereiten Sie sich auf die Einwände sehr gut vor – aber überbewerten Sie auch keine Einwände. Auf jedes Argument läßt sich auch ein Gegenargument finden. Prüfen Sie auch jede Einzelheit Ihres Gegners. Das bringt Ihnen bei Ihrem Partner Respekt und Achtung ein.

Immer gilt das Prinzip der Sinndichte. Nach 6 bis 8 Minuten wird die Konzentrationsfähigkeit Ihres Partners zunächst einmal erschöpft sein. Versuchen Sie dann auf jeden Fall die Konzentrationsanforderungen herabzusetzen. Geben Sie Ihrem Partner die Möglichkeit durch Humor, Witz, gemeinsame Interessen, Beispiele, Anschauungsmaterial u.ä. Konzentrationsenergien aufzutanken.

Was Ihre eigenen Interessen betrifft, müssen Sie selbst am besten informiert sein. Bei einem Kommunikationstraining fragte ich einen Teilnehmer, was er dem Kunden zu sagen gedenke, auf die Frage, wie sich sein Stundenlohn von 73,– DM zusammensetze. Der Leiter der Firma, der zufällig anwesend war, war schockiert darüber, daß sein Mitarbeiter kein einziges Argument für den hohen Stundenlohn nennen konnte.

An dieser Stelle folgen nun *Praktiken, die man für eine erfolgreiche Argumentation beherrschen sollte.* (Mit der Übersicht erhebe ich keinen Anspruch auf Vollständigkeit.) Eigentlich ist jede Argumentationssituation anders und jeder Argumentationsgang entsprechend anders. Nur die wichtigsten, häufig wiederkehrenden Taktiken seien hier aufgereiht. Rein sprachlich beziehen sie sich auf einen Argumentationsteilnehmer, natürlich gelten sie auch in umgekehrter Weise, also für jeden Argumentationspartner in der passenden Situation.

1. Leugnen der Tatsachen:
Sie bezweifeln die Behauptungen Ihres Gegners. Sie bestreiten alles so lange, bis er es stichhaltig beweisen kann. Manchmal scheinen Tatsachen festzustehen, sie lassen sich jedenfalls nicht sofort nachweisen. Kann Ihr Gegner seine Grundargumente nicht belegen, dann nützt ihm die folgende Beweisführung recht wenig. Er sieht sich gezwungen, andere Beweise zu suchen. Es gibt auch Grenzen. Sie können nicht verlangen, daß Ihr Gegner Lexika auswendig lernt oder z.B. historische und experimentelle Beweise aus dem Ärmel zaubert. Falls er Ihnen mal Beweise wie z.B. Zahlenmaterial später nachliefern will, müßten Sie fairer Weise darauf eingehen. Grundsätzlich gilt aber: Behauptungen müssen bewiesen werden!

2. Allgemeinplätze:
Ihr Gegner nennt keine konkreten Tatsachen, sondern flüchtet sich in nichtssagende Verallgemeinerungen, die meistens ein Körnchen Wahrheit enthalten. Er hat Ihnen zwar auf Ihr Argument eine Antwort gegeben, mit der Sie aber wenig anfangen können. Bestehen Sie auf ganz konkreten Äußerungen, denn konkrete Argumente verdienen mit konkreten Gegenargumenten konfrontiert zu werden.

3. Mißbrauch von Autoritäten:
Argumente werden ersetzt durch Berufung auf Autoritäten (Personen, Statistiken, Grundsatzprogramme). Mit Vorliebe beruft

man sich auf Argumente, die beide Partner anerkennen müssen. Hier müssen wir besonders auf zwei Dinge achten:

a) Hat man einfach eine Autorität erfunden (Sie können das während des Gesprächs sicherlich nicht nachprüfen)?

b) Man zitiert die Autorität bewußt falsch, nämlich so, daß Sie für den Zitierenden in seinem Sinn zum Argument wird. Im Gesamtzusammenhang hat aber die Aussage der Autorität einen ganz anderen Sinn.

Im Mittelalter lag die Hauptbeweislast bei Autoritäten. Die mittelalterlichen Autoren waren bestrebt, möglichst viele Autoritäten anzuführen (z.B.: Thomas von Aquin). Heute ist eine z.B. historische Autorität kaum noch ein Argument, zumal sich die Zeiten und Situationen laufend ändern. Also Vorsicht mit »Autoritäten«, die praktisch keine sind.

4. Änderung der Fragestellung:

Man kann jedes Argument auflösen, indem man die Fragestellung der Diskussion ändert. Man lehnt einfach den Gesichtspunkt, unter dem die Gesamtargumentation stehen soll, ab. Bewußt ändert man die Richtung der Fragestellung. Somit gewinnt man die Möglichkeit, sämtlichen Argumenten des Gegners den Boden zu entziehen. Ihr Partner muß dann ganz neue Argumente suchen, weil praktisch etwas Neues zur Debatte steht. Durchschauen Sie aber eine solche Taktik bei Ihrem Gegner genau und versuchen Sie immer, die vereinbarte Zielrichtung der Gesamtargumentation nicht aus den Augen zu verlieren.

5. Diskriminierung des Partners:

Es kommt oft vor, daß ein Partner auf die Argumente des Gegners keine Gegenargumente mehr findet. In diesem Fall sollte man das zugeben (man vergibt sich nichts, wenn man sich überzeugen läßt und seine Meinung ändert) oder die Verhandlung bis zu einem späteren Zeitpunkt aussetzen. Statt dessen wird der Partner häufig mit persönlichen Beleidigungen attakkiert. Persönliche Angriffe sollen plötzlich sachliche Argumente ersetzen. Niedrige Motive, fehlende Sachkenntnis und Unglaubwürdigkeit werden unterstellt. Den anderen lächerlich zu machen, wird versucht.

Unter keinen Umständen dürfen Sie auf das gleiche Niveau herabsteigen. Lassen Sie sich auf keinen Fall persönlich provozieren. Bleiben Sie sachlich, denn nur so können Sie Ihren Partner bloßstellen im Sinne von beschämen. »Beleidigungen sind die Argumente derer, die unrecht haben« (Rousseau).

6. Widersprüchliche Aussagen:
Im Prinzip fällt es sehr schwer, widersprüchliche Aussagen als wahr anzuerkennen. Man muß fragen, was nun glaubhaft ist und was nicht glaubhaft ist. Widersprüchlichkeit signalisiert oft Unsicherheit, Unkonzentriertheit, Oberflächlichkeit und vielleicht bewußte Unwahrheit. Wahr ist noch lange nicht, was gerade für einen Partner ein Vorteil zu sein scheint.

Durchschauen Sie sofort Widersprüche. Lassen Sie keinen Widerspruch durchgehen. Stellen Sie laufend Widersprüche fest, dann wird die Gesamtargumentation unglaubwürdig. Allerdings müssen Sie auch Ihrem Gegner zugestehen, daß er seine Meinung geändert hat. Das müßte Ihnen aber Ihr Gegner unmittelbar kundtun, damit er glaubhaft bleibt.

7. Falsche Konsequenzen:
Die Tatsachen Ihres Partners können Sie unter Umständen nicht widerlegen, aber die Konsequenzen, die er daraus zieht, sind manchmal falsch. Es fällt manchen Menschen äußerst schwer, aus Gegebenheiten richtige Konsequenzen zu ziehen. Z.B.: Aus einer grundsätzlich negativen Einstellung (zu Staat, Kirche, Gesellschaft, Jugend, Beamten) werden nur negative Konsequenzen gefolgert, obwohl sehr viel Gutes gesagt werden könnte. Man verallgemeinert ungerechterweise Einzelgeschehnisse. Es

ist immer falsch von »die« (Beamten, Studenten, Gewerkschaften usw.) zu sprechen. So sind Gruppierungen (Beamten, Studenten, Gewerkschaften) sehr differenziert in Verhalten und Meinung. Das unberechtigte Schlagwort, z.B. die Beamten sind unfreundlich, trifft sicher nur einen ganz kleinen Prozentsatz. Die Differenzierungsmöglichkeiten bezüglich der Konsequenzen sind sehr stark eingeengt, so daß letztlich vielfach Fehlinterpretationen die Folge sind. Werden Sie mit solchen Partnern konfrontiert, dann können Sie nur durch das Argument Ihrer Persönlichkeit überzeugen.

8. Ablenkung:

Haben Sie den überzeugenden Argumenten Ihres Partners nichts mehr entgegenzusetzen, dann versuchen Sie, auf ein anderes Thema abzulenken. Schneiden Sie Gesichtspunkte eines verwandten Themas an, die das eigentliche Diskussionsthema vielleicht berühren. Wenn Sie es mit einem in der Verhandlungstechnik erfahrenen Partner zu tun haben, wird Ihnen das allerdings kaum gelingen. Aber immerhin kann man es versuchen, falls man sonst keinen Ausweg mehr sieht.

9. Ironie:

»Manche Leute mögen alles sehr kompliziert, besonders in ihrer Ausdruckweise. Es gibt Bücher in deutscher Sprache, die man ins Deutsche übersetzen müßte.« Ironisieren Sie jede sprachlich und inhaltlich komplizierte Aussage Ihres Gegners, indem Sie sie als unverständlich oder Ihre eigene Auffassungskraft übersteigend zurückweisen. Fordern Sie Ihren Partner auf, das Niveau seiner Ausführungen zu senken, damit Sie es auch noch verstehen können. Sie werden die Lacher auf Ihrer Seite haben und das »weltbewegende« Argument Ihres Gegners wird sich in Dunst auflösen.

10. Verkehrung der Argumentationskraft:
Alle Argumente sind in ihrer Beweiskraft unterschiedlich. Überschauen Sie daraufhin die vorgetragenen Argumente Ihres Gegners. Greifen Sie die Argumente heraus, die Sie sehr leicht widerlegen können und tun Sie das direkt. Dabei erwecken Sie aber den Eindruck, als hätten Sie die gegnerischen Hauptargumente widerlegt. Sie verkehren damit die Beweiskraft ins Gegenteil. Es dürfte für Ihren Partner nicht ganz einfach sein, sich dieser Taktik zu entziehen.

11. Überbetonung des emotionalen Bereichs:
Man kann fast jedes sachliche Argument in den Gefühlsbereich überführen und damit die Beweiskraft reduzieren. Wenn Sie den Gefühlsbereich Ihres Gegners unsachlich provozieren, dann wird die Urteilskraft erheblich geschwächt. Die Argumentation wird wertlos. Versuchen Sie auf jeden Fall Provokationen zu überwinden, um sachlich argumentieren zu können.

12. Veränderung der Argumente:
Wir sind geneigt, Argumente des Gegners so hinzunehmen, wie er sie sagt und sie zu entkräften oder Gegenargumente zu bringen. Wir können aber auch durch Übertreibung oder Verallgemeinerung das Argument des Partners verändern. Daß sich die Überspitzung oder die Verallgemeinerung leichter widerlegen läßt, ist dann unser Vorteil.

13. Die Technik des Vergleichs:
Gut gewählte Vergleiche haben argumentativ eine große Durchschlagskraft. Die Taktik besteht darin, vom Gegner vorgebrachte Argumente durch Vergleiche zu entkräften. Neues Beispiel: Jedes Jahr sterben etwa 17 Tausend auf unseren Straßen den Verkehrstod. Das ist zweifellos eine nüchterne Zahl, die gefühlsmäßig kaum bewegt. Ein Vergleich wäre hier besser, etwa: Jedes Jahr wird eine mittelgroße deutsche Stadt durch den Verkehrstod

ausgerottet. Natürlich hinkt auch dieser Vergleich, wie jeder andere auch, aber dennoch relativiert er das auf den ersten Blick imponierende Argument des Gegners. Der Vergleich gibt die Möglichkeit, die Argumente des Gegners zu anderen Tatbeständen ins rechte Licht zu setzen.

Versuchen Sie in der Argumentationskette Ihres Gegners schiefe und unhaltbare Vergleiche zu erkennen, um damit falsche Beweise aufzudecken.

14. Die Kehrseite der Medaille:
Selten spricht alles für eine Sache. Jeder Tatbestand hat Vor- und Nachteile. Sie können es Ihrem Gegner nicht verdenken, wenn er für seinen Beweis nur einseitige Argumente bringt. Es wäre töricht von ihm, selbst zu sagen, was gegen seine Ausführungen spricht (außer als Einwandvorwegnahme). Das herauszufinden, ist Ihre Aufgabe. Sie können die Argumente des Gegners durchaus bejahen, aber dennoch die Kehrseite der Tatsachen aufzeigen und vor allem die Nachteile hervorheben, die Ihrem Partner daraus entstehen. Es ist ein großer Vorteil für Sie, wenn Ihre gegenteiligen Argumente überwiegen. Wenn möglich, geben Sie dem Gegner zu verstehen, daß Sie seine Argumente längst kennen.

15. Argumente zergliedern:
Kaum ein Argument ist direkt sprachlich optimal formuliert. Wahres und Unwahres finden wir sehr oft unter einem sprachlichen Dach. Analysieren Sie die Argumente Ihres Gegners, indem Sie einschränkend feststellen, was man akzeptieren kann und was nicht. Sie können sagen: »*Das* ist richtig, aber *das* ist unhaltbar.« Wir sind leicht geneigt, den Hintersatz auch als wahr anzunehmen, wenn wir den Vordersatz als wahr empfinden (Assimilationseffekt, Kap. IV, 5). Dasselbe Argument kann also Wahres und Falsches enthalten. Argumente zergliedern heißt, auch die unterschiedliche Beweiskraft für die Verschiedenheit

der Partner herauszustellen. Ein Argument zergliedern kann auch bedeuten, es praktisch auflösen.

16. Die Schlagfertigkeit:
Gekonnte Schlagfertigkeit entwaffnet. Bei einer Debatte sagte ein Teilnehmer zu einem hörbehinderten Partner: »Sie können es durchaus als Gnade empfinden, wenn Sie nicht alles hören.« Auf diese unverschämte Frechheit wurde ihm geantwortet: »Natürlich, vor allem brauche ich mir nicht jeden Unsinn anhören, den Sie verzapfen.» Die Wurfkeule, die man Ihnen entgegenschleudert, fangen Sie auf und werfen sie zurück. Schlagfertigkeit entwaffnet Ihren Gegner sehr schnell. Dazu kommt noch Ihr Vorteil, durch Schlagfertigkeit die Trümpfe in der Hand zu halten.

17. Legen Sie Ihren Gegner fest:
Bevor Sie argumentieren, versuchen Sie die Meinung Ihres Gegners zu erkunden. Legt Ihr Partner sich in irgendeinem Bereich bereits fest, dann haben Sie es leichter, überzeugend zu argumentieren. Ist z.B. Ihr Gesprächspartner für Sport (wer sollte dagegen sein?!), dann kann er keine Argumente mehr vorbringen, die sich gegen den Bau eines Sportplatzes (Ihr Vorhaben) richten, sonst wäre er unglaubwürdig. Versuchen Sie durch Vorfragen Ihren Gegner immer bereits auf das festzulegen, was Sie erreichen möchten. Damit liegt er auch in seiner Argumentation fest. Es wird ihm jedenfalls sehr schwer, Alternativargumente vorzubringen.

18. Nehmen Sie zum Schein den Standpunkt des Gegners ein:
Geben Sie zu erkennen, wie sehr Sie den Standpunkt Ihres Gegners kennen, indem Sie sagen: ». . . das würde ja auch noch für Ihre Sache sprechen . . .« oder ». . . dieses wichtige Argument haben Sie sicher vergessen . . .« Natürlich muß man darauf bedacht sein, dem Partner keine besonders guten Argumente zu

liefern oder ihn auf Ideen zu bringen, die ihm weiterhelfen. Mit dieser Scheinschützentechnik beschämen Sie Ihren Partner oder machen ihn gar lächerlich.

19. Seien Sie humorvoll:
Eine geistreiche oder witzige Bemerkung kann eine Argumentation völlig aus den Angeln heben. Bedenken Sie, daß ein Witz meist sehr unsachlich ist. Man lacht und vergißt dabei, warum es eigentlich ging. Der Witz oder der Humor können aber auch gegnerische Argumente abschwächen. Man verliert die eigentliche Sache aus den Augen. Lemmermann (s. Literaturverzeichnis) vermerkt dazu eine interessante, historische Episode: »Die Labour-Party hatte (1945 bis 1951) einige Verstaatlichungen vorgenommen. Der Premierminister Attlee stellte im Parlament fest: ›Es geht uns gut! Niemals hat England eine so hohe Geburtenzahl erreicht wie zu unserer Regierungszeit.‹ – ›Das ist es ja gerade«, gab sein Gegner Churchill zurück und sog befriedigt an seiner Zigarre. ›Der einzige sichtbare Erfolg während der Regierungszeit der Labour-Party wurde nicht durch staatliche, sondern durch private Initiative erreicht‹.« Die witzige Bemerkung Churchills ist zwar unsachlich, aber dennoch sehr effektvoll. Im Humor drückt sich immer eine Überlegenheit aus.

20. Orientierungslosigkeit:
Man bezichtigt den Gegner, nicht genau im Bilde zu sein. Man serviert ihm Äußerungen, die er vor einiger Zeit gemacht hat, die aber im krassen Widerspruch zu dem stehen, was er nunmehr behauptet. So kann man seinem Gegner unterstellen, er habe offenbar den Überblick über den ganzen Fragenkomplex verloren. So wird Ihr Gegner unsicher. Ein unsicherer Partner kann aber nicht mehr überzeugend argumentieren. Dann haben Sie es in der Hand, schwerpunktmäßig die Argumente zu setzen und Ihren Gegner zu manipulieren.

21. Positive Entgegnung:

Antworten Sie immer zunächst zustimmend und versuchen Sie ebenfalls, daß Ihr Partner zustimmend antwortet. Das ist leicht zu erreichen. Versuchen Sie nämlich in Ihre Argumente allgemeingültige Prinzipien einzubauen, denen man positiv zustimmen muß (etwa: Menschenrechte, freie Meinungsäußerung usw.). Wenn Ihr Partner in irgendeiner Form teilweise Ihr Argument bejahen muß, kann er es unmöglich ganz ablehnen. Sagen Sie also nicht: »Ich bin nicht Ihrer Meinung«, sondern: »Man kann die Sache auch anders sehen.« Von Ihrer Argumentation her bringen Sie bitte Suggestivfragen, die Ihr Partner wenigstens teilweise bejahen muß. Z. B. »Glauben Sie nicht auch ...«. Wenn man wenigstens teilweise positiv zustimmt, ist das Argument oft schon praktisch angenommen.

22. Achten Sie auf den Zusammenhang:

Reißt man Dinge aus dem Zusammenhang, dann kann man alles beweisen und widerlegen. Sehr oft gelingt es Ihrem Gegner, eine Aussage aus dem Zusammenhang zu nehmen, sie zu isolieren und sogleich klingt sie in der neuen Umgebung anders. Der Sinn eines Satzes ergibt sich meist aus dem Kontext. In der Bibel steht: »Es gibt keinen Gott.« Aber im Zusammenhang lautet die Textstelle: »Der *Tor* behauptet, es gibt keinen Gott.« Dieses einfache Beispiel zeigt Ihnen, wie leicht sich irgendeine Äußerung mißbrauchen läßt. Trauen Sie einer Sache nicht, dann fordern Sie Ihren Gegner auf, Ihnen den ganzen Zusammenhang aufzuzeigen. Tut er das nicht, dann lassen Sie bitte sein Argument nicht gelten. Ohne auf Zusammenhänge zu achten, kann man vieles so hinbiegen, wie es einem gerade paßt.

23. Versuchen Sie immer zur Sache zu argumentieren:

Ihr Gegner geht nicht auf Ihre Argumente ein, sondern er weicht auf ein Gebiet aus, das gar nicht zur Diskussion steht. Es ist ein reines Ausweichmanöver. Die Sache ist ihm entweder unangenehm oder er hat sich nicht genügend auf die Diskussion vorbereitet. Beides bedeutet einen großen Vorteil für Sie. Sollten Sie eine entsprechende Schwäche Ihres Partners feststellen, dann beharren Sie auf der angesetzten Diskussion. Ihr Partner wird vrsuchen, die Debatte terminlich zu verschieben (um Zeit zur Vorbereitung zu gewinnen), gehen Sie niemals auf solche Vorschläge ein. Machen Sie Ihren Partner immer darauf aufmerksam, wenn er auf Sachgebiete ausweicht, die nicht zur Diskussion stehen. Achten Sie auf jeden Fall darauf, daß die Diskussion nie in eine Plauderei ausartet, in der man nichtssagende Höflichkeiten austauscht.

24. Verzögerungstaktik:
Ihr Partner versucht, die Diskussion zu verzögern, um Zeit zum Nachdenken zu gewinnen. Er verlangt von Ihnen Erklärungen über sämtliche Einzelheiten und verlangt Definitionen und geschichtliche Werdegänge einiger Episoden. Er gewinnt dadurch nicht nur Zeit, sondern er vermag Sie auch aus dem Konzept zu bringen. Ihr Partner fragt Sie: »Was verstehen Sie unter Mitbestimmung?« »Definieren Sie mir einmal, was Sie unter Materie verstehen?« »Können Sie mir das mal im Einzelnen erklären?« (obwohl schon alles klar ist). Das muß nicht immer hinterhältige Taktik sein, denn manchmal ist eine erweiterte Erklärung durchaus angebracht. Aber geben *Sie* Ihrem Partner keine Gelegenheit dazu. Erklären Sie alles so eindeutig mit klarem und gezieltem Wortschatz, daß Rückfragen Ihres Partners unnötig werden. Haben Sie Ihre Argumentation dargelegt, fragen Sie gleich noch nach, ob etwas unklar ist und lassen Sie Ihrem Gegner keine Zeit, eine Argumentation zu verzögern.

25. Stellen Sie Fragen:
Von der gesamten Fragetechnik sollen in diesem Zusammenhang nur zwei Frageformen behandelt werden:

a) Suggestiv-Frage und
b) Alternativ-Frage.

Grundsätzlich gehört die gezielte Frage zum Argument. Die Frage pointiert Zusammenhänge, reißt Probleme auf und provoziert den Partner.

a) Die Suggestiv-Frage:
Die Suggestiv-Frage ist am wenigsten neutral, sie fußt am stärksten von allen Fragetechniken auf der Suggestiv-Kraft. Z.B. »Diese Beweisführung werden Sie doch wohl anerkennen?« Oder: »Diese Argumente sprechen doch für sich?« »Das erkennt doch wohl ein Blinder?« Was wollen Sie auf solche Fragen antworten? Merken Sie, daß man Sie überrumpeln will, oder haben Sie Minderwertigkeitskomplexe, weil Sie das als einziger nicht einzusehen scheinen? Bewahren Sie ruhig Blut und erkennen Sie sofort, wie wenig sachlich Suggestiv-Fragen sind.

b) Die Alternativ-Frage:
Eine Alternativ-Frage ist einseitig, weil sie andere Möglichkeiten gar nicht zuläßt. Z.B. »Gott oder Kirche«, »Freiheit oder Sozialismus« und »Krieg oder Frieden«. Solche Alternativen sind immer falsch, denn sie suggerieren dem Menschen nur zwei Möglichkeiten, als ob keine weiteren Wege in Frage kämen. Man will den Partner durch *fingierte* Alternativen festlegen. Machen Sie diese Taktik nicht mit. Nehmen Sie sich Zeit, den Fragenkomplex zu entwirren und zur nüchternen Sachlichkeit zurückzuführen.

Rechnen Sie bei jeder Argumentation mit unangenehmen und unvorhergesehenen Fragen, damit Sie nicht argumentativ überfahren werden können.

26. Seien Sie praxisbezogen:
Wir argumentieren sicherlich nicht, um des Argumentierens willen, sondern um unseren Gesprächspartner zu motivieren und ihn zu überzeugen. Ein Argument will auf jeden Fall etwas

erreichen, etwas in Bewegung setzen oder einen Umstand ändern. Sieht man sich gezwungen, die theoretische Richtigkeit eines Arguments anzuerkennen, kann man trotzdem bezweifeln, ob sich dies in der Praxis durchführen läßt. Man kann gelegentlich die Eignung für die Praxis total bezweifeln und daher das Argument als falsch abtun.

27. Argumente abwerten:
Natürlich sollen Sie die Argumente Ihres Partners nicht als hervorragende Geistesblitze loben. Versuchen Sie dagegen durchschlagende Argumente abzuwerten, indem Sie sie als schon allgemein bekannt hinstellen oder die Richtigkeit der Argumente einschränken. Nehmen Sie grundsätzlich kein Argument Ihres Gegners ohne Widerspruch hin.

28. Gefühlsappell-Technik:
Diese Taktik ist eine besonders gefährliche Form der Verdrängung. Ihr Gegner operiert nicht mehr sachlich, sondern er appelliert an Gefühl und Vorurteil. Durch einen mehr oder weniger sanften Druck auf die »Gefühlsdrüsen«. Kommt man in der Sache nicht mehr weiter, versucht man es mit Gefühl. Hier müssen oft tragische Schicksale herhalten, um gesteckte Ziele zu erreichen. Nicht das Argument steht im Vordergrund, sondern das persönliche, oft tragische Erleben einer Bezugsperson. Sie können inneren Anteil am Gefühlsleben einer Person nehmen, aber das alles ersetzt keine Argumente.

Bei jeder Argumentation sollte man sich zunächst fragen:

1. Stimmen meine Behauptungen?
2. Kommen Widersprüche vor?
3. Folgere ich richtig?
4. Ist meine Darstellung zu einseitig?
5. Sind meine Argumente einsichtig und habe ich sie richtig geordnet?

Es nützt recht wenig, wenn man Argumentationstechniken »einsieht«, man muß sie üben, üben, üben.

Es ist grundsätzlich ein großes Übel, wenn man zu lange Sätze bildet, ganz besonders aber dann, wenn man ein Argument formuliert. Der bekannte Rhetoriker Helmut Geißner hat die *Fünfsatzmethode* entwickelt, die unser Denken bei der Formulierung eines Arguments zielgerecht leitet und unnötige Redundanzen, die zu argumentativen Unschärfen führen, vermeiden hilft. Aus meiner praktischen Erfahrung bei Rednerkursen weiß ich, wie sehr diese Fünfsatzmethode geschätzt und auch geübt wird. Die Fünfsatzmethode beruht auf der Erfahrung, daß man mit fünf Sätzen einen Gedanken knapp und zielstrebig ausdrücken kann. Der Einstieg in die Situation drückt sich in Satz 1 aus. In drei weiteren Schritten (Satz 2 bis 4) kommt man durch Gegenüberstellung, Aussonderung, logische Schlußfolgerung usw. zu einem Ergebnis, aus dem man in einem weiteren Satz (Satz 5) die konkrete Folgerung für die anfangs genannte Situation zieht. Wie sich die fünf Sätze einer Argumentation anordnen lassen, wird in den folgenden sieben Skizzen graphisch dargestellt. Aus der Vielzahl der theoretisch möglichen Anordnungen werden nur die ausgewählt, die klar auf ein Ziel hinführen. Der letzte Satz hat dabei die Funktion des Zielsatzes. Je nach der Sprechsituation, nach dem sachlichen Zusammenhang oder nach den individuellen Denkgewohnheiten werden die einzelnen Pläne ausgewählt. In ihrer knappsten Form, wie sie hier (nach Geißner) skizziert werden, können die Fünfsatzpläne bei jeder Diskussion bzw. Argumentation verwendet werden. Die Verteilung der einzelnen Punkte über die Fläche läßt deutlicher als das übliche Schriftbild erkennen, wie diese Punkte untereinander in Beziehung stehen. Achten Sie also bitte darauf, wo die einzelnen Punkte stehen und wie sie untereinander verbunden sind. Bei kurzen Sprechleistungen ist es möglich, eine Fünfsatzskizze als einzige Redevorlage zu benutzen. Sie ist eine Form der Redeskizze, die die Stichwortvorlage mit den Denkimpulsen nicht entbehrlich macht. Fünfsatzskizzen eignen sich auch als Gliederungsmuster für längere Ausführungen. Jeder der Punkte kann dann auch in sich nach einem Fünfsatzplan strukturiert sein. Nachfolgend die Skizzen mit je einem praktischen Beispiel:

1. Aufsatzplan:

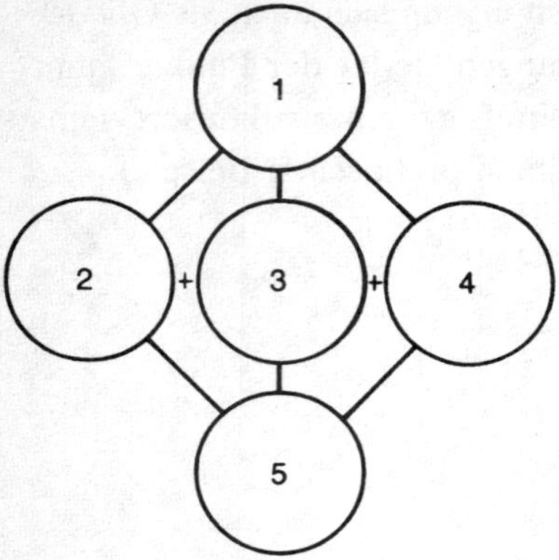

1. Ein Kommunikationstraining ist sehr nützlich (These).
2. Sie lernen kommunikative Schwächen in jeder Hinsicht zu überwinden.
3. Das ist gleichzeitig persönlichkeitsbildend.
4. Dadurch haben Sie beruflich größeren Erfolg (3 Argumente).
5. Also melden Sie sich für ein Kommunikationstraining an (Folgerung).

---

2. Kette:

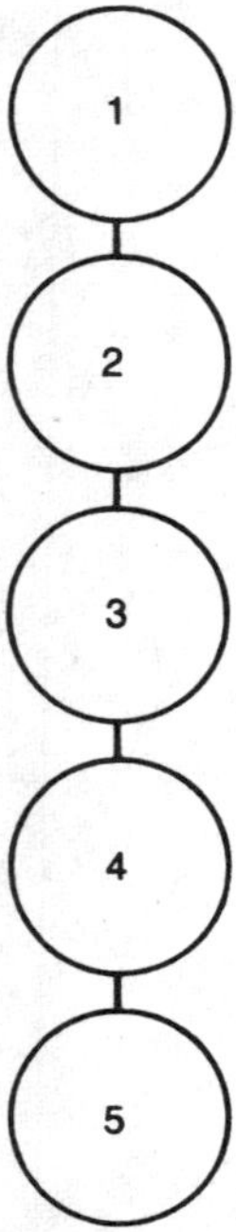

Die Einzelpunkte stehen in streng chronologischer oder logischer Abfolge.

1. Ich meine, der Vorschlag von Herrn Müller, weniger zu investieren, ist gefährlich.
2. Wir müssen uns dann wirklich überlegen, ob wir noch konkurrieren können.
3. Mir scheint der bessere Weg, mehr als bisher zu investieren.
4. Dann nämlich können wir schneller und billiger produzieren.
5. Diese Konsequenz ist mir so wichtig, daß wir sie unverzüglich realisieren müssen.

3. Dialektik:

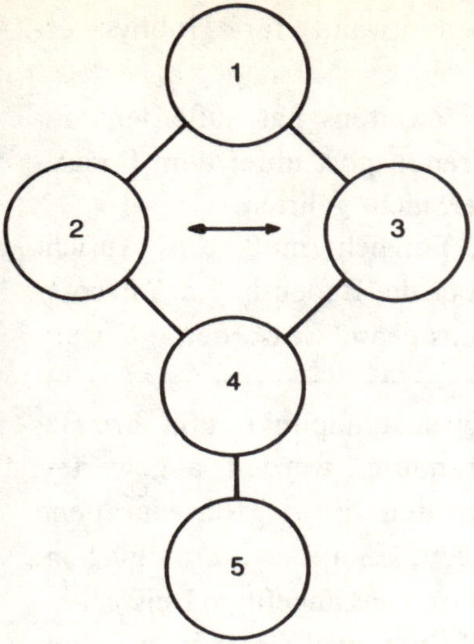

1. Ich danke dem Referenten für eine Menge neuer Einsichten in der sozialen Betreuung unserer Belegschaft.

2. Unter anderem hat er begründet, daß die soziale Struktur in unserem Betrieb noch verbessert werden kann.

3. Dagegen ist aber zu halten, daß unser Betrieb die Aufgabe hat, Elektrogeräte zu produzieren, und kein Sozialamt ist.

4. Vergleicht man beide Ansichten, dann haben beide volle Geltung und lassen sich vereinbaren.

5. Deshalb schlage ich vor, unsere sozialen Mittel in Zukunft besser und wirksamer zu verteilen, und zwar so, daß die neuen Annehmlichkeiten für die Belegschaft unsere Produktion positiv beeinflussen.

---

4. Vom Allgemeinen zum Besonderen:

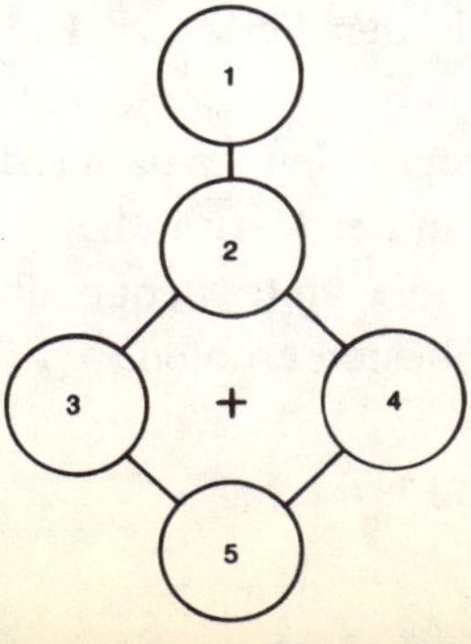

Die allgemeine Meinung wird hier als für den konkreten Fall nicht gültig aufgewiesen und dadurch abgewertet.

1. Gemeinhin gilt das Fernsehen als Hauptfreizeitgestalter.

2. Aus unserer Erfahrung können wir dem nicht zustimmen.

3. Denn erstens konnte das Fernsehen keine Einbußen im Zeitaufwand für Hobbys erzielen.

4. Zweitens hat außerdem der Breitensport unter dem Fernsehen nicht gelitten.

5. Folglich muß die Ansicht über die Bedeutung des Fernsehens geändert werden.

---

5. Vergleich:

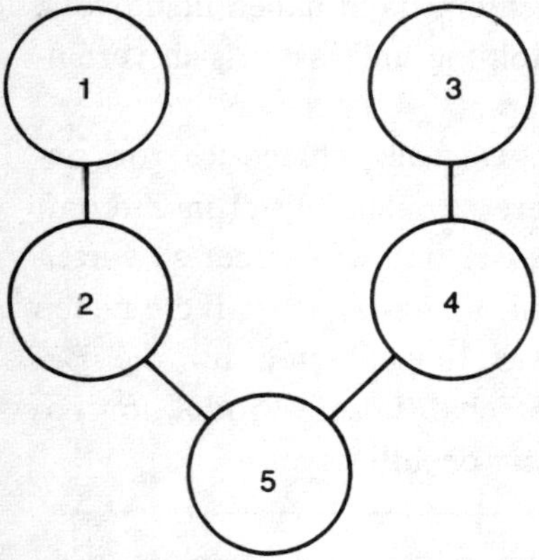

Zwei Standpunkte und ihre Begründung werden abgewertet, um den Einstieg für eine neue Argumentation zu ermöglichen. Durch das angefügte Beispiel ergibt sich, daß dieser Plan besonders gut geeignet ist, einen weiteren Fünfersatz einzuleiten.

1. Viele Menschen vertreten den Standpunkt, in den Ferien Sonne im Ausland genießen zu müssen.

2. Sie begründen ihn damit, daß sie sich so am besten erholen.

3. Andere vertreten den Standpunkt, in den Ferien zu Hause zu bleiben.

4. Sie begründen ihn damit, daß sie sich in der Vertrautheit und mit der gewohnte Bequemlichkeit am besten erholen.

5. Ich kann mich für keinen dieser Standpunkte bezüglich der Feriengestaltung entschließen, sondern bevorzuge einen Aktivurlaub im eigenen Land mit Bildungsprogramm und in der Gesellschaft gleichgesinnter Freunde.

---

6. Kompromiß:

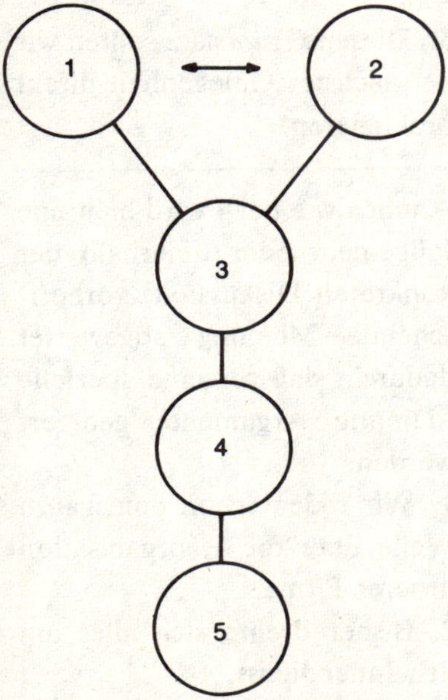

Diese Art der Argumentation kann innerhalb einer Diskussion besonders geschickt sein. Sie setzt aber voraus, daß die Argumente der verschiedenen Partner oder Gruppen genau angehört werden. Der Kompromiß bietet die Möglichkeit, die Diskussion in eine neue Richtung zu bringen, ohne daß die Gesprächspartner sich übergangen oder mißachtet fühlen (vergl. 3 und 5).

1. Müller behauptet, die geschriebenen Argumente seien der Hauptgrund für eine menschliche Entscheidung, da man sie immer vor Augen habe.
2. Meyer widerspricht mit dem Hinweis, die gesprochenen Argumente seien wirkungsvoller wegen der Suggestivkraft.

3. Mir scheint, die beiden Ansichten treffen sich in dem Punkt, daß nur überzeugende Argumente den Menschen zu einer Tat oder Ansicht motivieren können.

4. Wahrscheinlich liegt die Lösung darin, daß man sowohl persönlich engagiert argumentieren muß, als auch ein Thesenpapier zur Unterstützung heranziehen sollte.

5. Diesen Grundsatz sollten wir bei nächster Gelegenheit direkt praktizieren.

---

7. *Ausklammerung:*

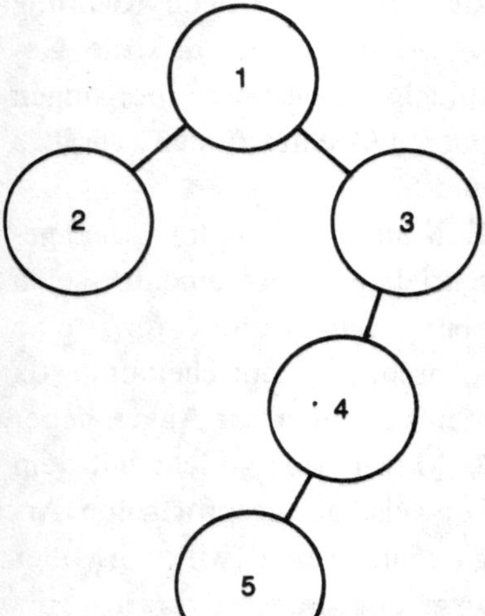

Ähnlich wie bei 4 wird hier eine (allgemein oder innerhalb der konkreten Diskussion) vorherrschende Meinung abgewertet dadurch, daß für eine spezielle Meinung Argumente geliefert werden.

1. Wir reden schon eine ganze Weile über die Reorganisation unserer Firma.

2. Bisher drehte sich alles um den Innendienst.

3. Dabei wurde übersehen, daß doch der Außendienst der wichtigste Faktor im Verkauf unserer Waren ist.

4. Gerade dies scheint mir besonders wichtig, weil der Innendienst vom Außendienst abhängig ist.

5. Ich stelle daher den Antrag, bei der Reorganisation unserer Firma mit der Neuregelung des Außendienstes zu beginnen.

2. Einteilung der Argumente

In diesem Abschnitt geht es weniger um eine Klassifizierung der Argumente, als vielmehr um eine persönliche Einteilung für eine erfolgreiche Argumentation.

In Kurzform sollen einige allgemeine Spielregeln der Diskussion, Verhandlung und Argumentation aufgezeigt werden, damit die einzelnen Argumente zur Wirkung kommen und die Gesamtargumentation einen Fortgang nimmt.

1. Wir diskutieren, um die Argumente unseres Partners kennenzulernen und um die Wahrheit zu finden oder ihr wenigstens näher zu kommen.
2. Der Mensch ist von Natur aus einseitig. Durch den Austausch von Argumenten bekommen wir vertiefte und erweiterte Kenntnisse für die Lösung eines Problems.
3. Um gut argumentieren zu können, müssen wir:
   a) gut zuhören können,
   b) mitzudenken verstehen,
   c) schnell reagieren können,
   d) abwarten können und
   e) werten können.
4. Wir müssen versuchen, den möglichen Ablauf einer Argumentation vor Augen zu haben, um mit unseren Argumenten disponieren zu können.

5. Man soll möglichst sehr viel vom Diskussionsstoff auswendig wissen. Ablesen signalisiert meist Unsicherheit.
6. Alle Dialektik nützt nichts, wenn man nicht schlagfertig ist. Dem Schlagfertigen ist ein blitzartiges Erfassen des Gesagten eigen, der Blick für den Gehalt jedes Wortes und für logisches, schlußfolgerndes Denken.
7. Lassen Sie Ihren Partner immer zu Wort kommen, sonst speichern sich unterdrückte Gefühle in ihm auf, die jede sachliche Argumentation unmöglich machen.
8. Würdigen Sie die Argumente Ihres Gegners und fegen Sie sie nicht mit einer Handbewegung vom Tisch, denn dann werden Sie nie Erfolg haben.
9. Spielen Sie nie den eitel Überlegenen, denn dann wird Ihr Partner nie ein Argument von Ihnen annehmen.
10. Seien Sie bei jeder Argumentation hart und fest entschlossen. Eine Devise Bismarcks möge Ihnen als Wahlspruch dienen: »Höflichkeit bis zur letzten Galgensprosse, aber gehenkt wird er auf jeden Fall.«
11. Es ist vorteilhaft für Sie, wenn Ihr Partner das von Ihnen gewünschte Ergebnis selber findet, denn dann kann er immer sein Gesicht wahren.
12. Versuchen Sie nicht, alles gleich erreichen zu wollen.
13. Während Ihr Partner spricht, können Sie sich Notizen (besonders die Einwände, die Sie machen wollen) machen.

Sie können unmöglich alle Gedanken bei komplizierten Ausführungen behalten.

14. Man kann nie alle Probleme gleichzeitig diskutieren. Es wird nur immer *ein* Punkt diskutiert und zu *einem* Punkt argumentiert.
15. Ist ein Punkt abgeschlossen, dulden Sie es auf keinen Fall, daß dieses Problem noch einmal aufgegriffen wird. Sagen Sie Ihrem Partner, daß beide Seiten diesen Punkt bereits als abgeschlossen betrachtet hätten. Verhindern Sie auch eine Wiederholung schon geäußerter Argumente Ihres Partners.

16. Formulieren Sie Zwischenergebnisse, denn das sind schon erreichte Teilziele.
17. Vermeiden Sie nach Möglichkeit Privatdialoge (außer bei der Einleitung, Kap. IV, 5).
18. Versuchen Sie, wichtige Ergebnisse kurz zu umreißen und sprachlich festzuhalten.
19. Je heißer das Problem, desto zwingender ist die Forderung nach Disziplin und planvollem Vorgehen.
20. Versuchen Sie bei jeder Argumentation die Wahrheit zu finden.

Diese zwanzig Spielregeln sprechen für sich und bedürfen keiner weiteren Erklärung. Sie sind für jede Argumentation unerläßlich und bedeuten praktisch den Rahmen, innerhalb dessen ein Argument seinen Platz findet.

Wenn Sie sich auf eine Verhandlung vorbereiten, sollten Sie einen Argumentationskatalog vorbereiten. Sie sollten alle Argumente, die für Ihre Sache sprechen, zusammenstellen und sich dann überlegen, was Ihr Partner als Einwände dagegen vorbringen könnte. Die Vorbereitung und die Einteilung besteht hauptsächlich darin, Gegenargumente zu entwickeln. Dieses Spiel mit Argumenten setzen Sie solange fort, bis Ihnen zur Sache nichts mehr einfällt. Dann können Sie Ihren Argumentationskatalog vorläufig abschließen.

Angenommen, Sie wollen als Stadtverordneter eine verkehrsfreie Zone im Zentrum Ihrer Stadt durchsetzen, dann machen Sie für sich etwa folgenden Argumentationskatalog:

pro	contra
1. Fußgänger werden nicht behindert.	1. Verkehrstechnisch ungünstig (Anlieferung und Abtransport von Waren).

2. Die betroffene anliegende Geschäftswelt hat Vorteile, weil die Auslagen in den Schaufenstern in Ruhe studiert werden können.	2. Die nicht anliegenden Geschäftsleute sind dagegen, weil sie um ihrem Absatz fürchten.
3. Die Umweltverschmutzung in der Innenstadt ist rückläufig.	3. Die Anlieger müssen sowieso in die Innenstadt fahren.
4. Auf Plätzen lassen sich Bänke aufstellen für die Erholung der Bürger.	4. Durchgangs- und Fremdenverkehr könnte Schaden nehmen, weil man nicht direkt in die Innenstadt fahren kann.
5.	5. . . . .
6.	6. . . . .

Für Sie ist es von großem Vorteil, wenn Sie zu Ihren Argumenten bereits vorher Gegenargumente entwickelt haben, denn es ist nicht immer leicht, auf Anhieb ein entsprechendes Gegenargument zu finden. Manchmal wird gegen einen solchen Argumentationskatalog eingewendet, er führe zu festgelegtem und wenig variablem Verhalten während der konkreten Argumentationssituation. Es würden Einwände und Gegeneinwände eingepaukt, die dann in der Praxis doch nicht vorkämen. Wenn man sich vorher nicht genau festlege, könne man Argumentationssituationen flexibler angehen und oft exakter treffen und es bliebe mehr Spielraum für Improvisationen. Dabei wird aber übersehen, daß derjenige, der vorher einen Argumentationskatalog zusammengestellt hat, am besten zu improvisieren versteht. Er ist nämlich am gründlichsten vorbereitet.

Merke: *Improvisieren und neue Ideen finden kann man nur aus einem vollen Wissensvorrat, und das ist kein Produkt von Faulheit und geistiger Leere.*

Wer sein Gehirn sozusagen auf Argumentieren trainiert hat, produziert ganz von selbst schöpferische Einfälle.

Versuchen Sie immer:

1. Einwände hervorzulocken,
2. Einwände in ihrer ganzen Tragweite zu erkennen und
3. Einwände zu entkräften.

Dann haben Sie leichtes Spiel. Nicht immer ist Ihr Partner bereit, mit seinen Einwänden sofort herauszurücken. Vielleicht hat er aber auch gar keine oder ist sich nicht ganz klar darüber. Er hat sein Argument nur so daher geredet. Lassen Sie sich niemals durch Argumente blenden, sondern durchschauen Sie den Gehalt. Manchmal kann er recht fragwürdig sein.

Es gibt:

1. Schein-Einwände,
2. subjektive Einwände und
3. objektive Einwände.

Schein-Einwände werden gerne vorgebracht, wenn man

1. wenig Lust an der Argumentation hat,
2. die Verhandlung nicht ernst nimmt und
3. die eigene Niederlage befürchtet.

Schein-Einwände sollten Sie überhören. Sie fallen in sich zusammen, wenn man auf ihre Fragwürdigkeit aufmerksam macht. Ihr Partner wird dann die ganze Argumentation auch ernster nehmen.

Die *subjektiven Einwände* sind schon ernster zu nehmen. Sie liegen entweder in der Person des Partners oder in der eigenen begründet. Sie bestehen aus Vorurteilen, Vorlieben, Sympathie und Antipathie, persönlichen Einstellungen und in dem subjektiven psychischen und physischen Empfinden. Ihr Vorteil kann sein, daß Ihr Partner seine Einstellung nicht sachlich begründen kann. Diesen Einwänden müssen Sie sofort begegnen, weil die hintergründige Gefühlsstimmung den Fortgang der Argumentation blockiert. Hier können Sie nur durch die Suggestivkraft

Ihrer Persönlichkeit die oft unberechtigten subjektiven Argumente Ihres Kontrahenten überwinden. Bewahren Sie gerade bei den subjektiven Argumenten Ihres Partners Ruhe, sonst könnten Sie durch empfindliche Überreaktion das Nachsehen haben.

Die *objektiven Einwände* müssen Sie auf jeden Fall ernst nehmen und sich mit ihnen beschäftigen. Für jedes Argument findet man auch ein Gegenargument. Denken Sie auch daran, daß unlogische Argumente manchmal mehr bewirken als logische. Der Mensch denkt oft sehr unlogisch. Würden alle Menschen logisch denken, dann hätte man oft leichtes Spiel. Bringen Sie auf jeden Fall immer die Argumente an, von denen sich Ihr Partner einen Nutzen verspricht. Seien Sie auch unlogisch, wenn Ihr Partner darauf anspricht und für sich einen Nutzen sieht.

Die emotionalen Argumente sind am wirksamsten, weil sie das Unterbewußtsein des Menschen ansprechen (Selbstwertgefühl). Objektive Argumente dagegen beziehen sich auf Tatbestände und haben ihre Beweiskraft im Verstand. Eine gefühlsmäßige Entscheidung zu fällen, ist leichter als eine rationale. Die Erkenntnis von Quintilian gilt noch heute: Quintilian teilt die Argumentation in Beweisführung (probativ) und Widerlegung (refutativ) ein (Anklagen ist leichter als widerlegen. Wunden schlagen ist leichter als sie heilen). Es ist nicht nur gut, die Argumente in »pro« und »contra« zu ordnen, sondern sich auch den Vorteil für den Partner zu merken oder zu notieren:

Argument	Vorteil für den Partner
1. Kaufen Sie diese Eigentumswohnung als Kapitalanlage.	1. Sie zahlen sich an »Miete tot«, ohne nachher einen Wert geschaffen zu haben (Formulierung!).
2. Der große Vorgarten ist in mancher Beziehung nützlich,	2. Sie haben Ihre Kinder von der Straße weg und der tolle

auch wenn dadurch das Haus im Moment teuer erscheint.	Ausblick auf die Anlagen macht die Wohnung viel reizvoller (Formulierung!).
3.	3. ....

Natürlich fallen uns nicht immer direkt wunschgemäß alle Argumente und Gegenargumente ein. Das Buch von Reinhard von Normann »Treffend argumentieren« bietet im Auffinden und Entdecken von Argumenten eine große Hilfe. Von Normann gruppiert auch in »pro« und »contra«, was diesem Buch eine wertvolle Übersichtlichkeit gibt. Hier zwei Kostproben:

Stichwort *Fußball:*

pro	contra
Sport	Brutalität
Hobby	Primitivität
Freizeitbeschäftigung	Imponiergehabe
Teamwork	Skandale
Kameradschaft	Körperverletzung
Wettkampf	Show
Abreaktion	Professionalisierung
Massenerlebnis	Vereinsmeierei
Passion	Abwertung
wenig Aufwand	Kommerzialisierung
überall spielbar	Sportart in den Niederungen
Geselligkeit	Balltreterei
Internationalität	Menschenhandel
Begegnung	
Gesprächsstoff	
Wettleidenschaft	
Volkssport	

Stichwort *Fernsehen:*

pro	contra
Information	Berieselung
Kommunikation	Manipulation
Unterhaltung	Werbung
Freizeitbeschäftigung	Konsumterror
Bildung	Informationsschwemme
Ausbildung	Beeinträchtigung des Familienlebens
Anschaulichkeit	Passivität
Aktualität	Bewegungsmangel
Völkerverbindung	Gesundheitsschäden
Schnelle Verbreitung	Fernsehknabberei
Große Reichweite	Abhängigkeit
Lebensnähe	Auswahlprobleme
Direkte Demokratie	Probleme mit Kindern
Neues Zeitalter	Personenkult
Horizonterweiterung	Wunschbilder
Diskussion	Scheinwelt
Erziehung	Überforderung
Bequemlichkeit	

An dieser Stelle ist es wichtig anzumerken, daß die Reihenfolge der Argumente entscheidend ist. Man sammelt zunächst alle Argumente und fragt sich dann, wie die Argumente am wirkungsvollsten zu ordnen sind. Hier spielt die Mentalität des Partners, die Verhandlungstageszeit, die Argumentationssituation und nicht zuletzt der Gesamtverlauf der Argumentation eine nicht unbedeutende Rolle.

Zum Schluß dieses Abschnitts sei noch auf die Bedeutung von Fragetechniken hingewiesen. In Abwandlung eines bekannten Sprichwortes könnte man sagen: »Wer gut fragt, hat halb gewonnen. Wer fragt, ist fünf Minuten dumm – wer nicht fragt, bleibt ein Leben lang dumm.« Durch die gezielte Frage ergeben sich für jede Argumentation große Vorteile.

1. Die Frage gibt jedem Gesprächspartner das Gefühl, man hört ihm zu.
2. Durch gezieltes Fragen läßt sich die Gesprächsrichtung ändern.
3. Durch Fragen lassen sich Gegenargumente schneller erkennen und in ihrem Wert erfassen.
4. Wir können durch Fragen unseren Partner unmerklich korrigieren.
5. Die Frage schafft eine gegenseitige Vertrauensbasis.
6. Wir können durch geschultes Fragen unseren Partner leichter einschätzen. Wir merken, mit wem wir es zu tun haben.
7. Durch Fragen bauen wir Aggressionen ab.
8. Durch Fragen kann man Gegenargumenten leichter ausweichen.
9. Eine Frage gibt uns Zeit, den nächsten Gedanken zu formulieren.
10. Mit gekonnter Fragetechnik motivieren wir unseren Gesprächspartner.

Einige Fragetypen sollen hier angeführt werden. Achten Sie darauf: *Wie Sie* fragen, so werden *Sie* auch eine Antwort bekommen. Fragen Sie also niemals so, daß die Antwort für Sie unbefriedigend sein *muß*..

1. Die geschlossene Frage:

Zum Beispiel: »Entspricht das Buch Ihren Erwartungen?« Die Antwort kann eigentlich nur »Ja« oder »Nein« heißen. So eine Frage ist fürs Argumentieren nicht zu empfehlen, weil die Antwort definitiv festgelegt und vielleicht nach der ersten Frage die gesamte Argumentation zu Ende sein kann. Besser ist die

2. Offene Frage:

Zum Beispiel: »Aus welchen Gründen interessiert Sie das

Buch?« Hier ist kein Ja oder Nein mehr möglich. Der Ansatzpunkt für ein weiteres Gespräch ist gegeben. Diese Fragetechnik ist als Einstieg in eine Argumentation sehr geeignet.

3. Die Informationsfrage:

Zum Beispiel: »Welche Zeitung lesen Sie?« Sie provoziert den Partner und ist gut geeignet für die Argumentation. Die Gefahr liegt darin, daß sich der Partner durch eine aufeinanderfolgende Kette von Informationsfragen verhört fühlt.

4. Die Alternativfrage:

Zum Beispiel: »Wünschen Sie das Ei hart oder weich gekocht?« Dieser Fragetyp legt Ihren Partner nicht ganz fest. Das ist günstig, weil durch Alternativen neue Lösungsmöglichkeiten in der Argumentation gegeben sind.

5. Die Suggestiv-Frage:

Zum Beispiel: »Sie sind doch auch der Meinung?« – »Das werden Sie doch nicht bestreiten können?« Hier liegt die Gefahr, den Partner zu manipulieren, weil er durch diese scheinbar allgemeingültige Suggestivfrage meint, alle seien der Meinung wie der Sprecher.

6. Die Fangfrage:

Zum Beispiel: »Was halten Sie von den Predigten Ihres Pfarrers?« – »Was halten Sie von der Politik des Bundeskanzlers?« Hier müssen Sie vorsichtig sein. Aus den Fangfragen lassen sich Rückschlüsse ziehen (etwa auf die persönliche Stellung zu Religion und Kirche oder welches Parteibuch Sie besitzen).

7. Die Rhetorische Frage:

Zum Beispiel: »Wollen Sie nicht auch den Frieden?« Man erwartet keine Antwort, weil die Antwort klar ist. Die Rhetorische Frage bedeutet für die Argumentation ein verstärkendes Element.

8. Die Gegenfrage:

Zum Beispiel: »Was verstehen Sie darunter?« – Wie meinen Sie das genau?« Sie kann in der Argumentation sehr nützlich sein, weil man durch die Gegenfrage Zeit gewinnt oder Ihr Partner anders oder genauer formulieren muß.

9. Die Schock- oder Angriffsfrage:

Zum Beispiel: »Wollen oder können Sie mir keine Antwort geben?« Sie ist sehr eindrucksvoll, weil Sie Engagement und Zielstrebigkeit ausdrückt. Ihr Gegner merkt sehr wohl, wie ernst es Ihnen ist. Außerdem übernehmen Sie durch solche Fragen immer wieder die Führung, was ein Vorteil für Sie ist.

10. Die Sokratische Frage:

Diese Frage soll immer ein Ja hervorrufen oder eine Sache verbessern. Das ist insofern wichtig: Das »Ja« baut Brücken, das »Nein« reißt sie nieder. Lassen wir hier Sokrates selbst sprechen.

Zu Sokrates kam ein Bekannter und sprach:

»Hast Du schon gehört, Sokrates? Das muß ich Dir erzählen.« – »Hast Du Dir drei Fragen vorgelegt, bevor Du anhebst?« – »Welche drei Fragen, Sokrates?« – »Zum ersten, ist es wahr, was Du mir berichten willst?« – »Nun ja, wahr« bedachte sich der Besucher, »es erzählen sich's die Leute, ich selber war allerdings nicht dabei.« – »Zum zweiten, ist es etwas gutes?« – »Nein, das nicht! Im Gegenteil, aber das ist's ja gerade.« – »Also zum dritten, mein Lieber ist es nötig, daß Du mir's hinterbringst?« – »Nein, Du Wunderlicher, nötig ist es wohl nicht, aber es dürfte für Dich doch wohl unterhaltsam sein, zu hören wie ...?« – »Dann laß uns schnell«, schloß der Weise, »den Göttern Dank sagen, daß wir der Gefahr entronnen sind, unbekannte Fehler eines Nächsten ohne Not zu offenbaren oder zu vergrößern – meinst Du nicht auch?«

3. Wie finde ich Argumente?

Das Brainstorming

Das Brainstorming (engl.: Gedankenfindung, Assoziation von neuen Gedanken und Ideen) ist eine Methode, mit Hilfe anderer neue Gedanken und Argumente schnell und vor allen Dingen umfangreich zu entdecken und treffsicher auswählen zu können.

Man könnte dieses Kapitel auch überschreiben:

Machen Sie Jagd auf neue Ideen und Argumente.

Neue Argumente zu finden, macht sehr viel Spaß und die Vorbereitung ist sehr ernst zu nehmen. Viele Argumentationen scheitern daran, daß sie ungenügend vorbereitet sind. Fast alle Diskussionen scheitern an zwei Faktoren:

1. Die eigenen Argumente sind dem Partner fast alle schon bekannt.
2. Die Basis für die Argumentation ist zu schmal, d.h. man hat zu wenig Argumente vorbereitet.

Die wichtigste Regel lautet daher:

Nehmen Sie sich Zeit!

»Gute Vorbereitung ist halbe Vollendung« (Carnegie).

Befragen Sie zuerst einmal Experten und studieren Sie spezielle Bücher, Zeitschriften, zusammenfassende Handbücher und Lexika. Erfolgreich bei der Stoffsammlung ist meistens die Arbeit mit Karteikarten. Scheuen Sie keinen Weg und keine Mühe, das vorhandene Material aufzuschließen. Dann gewinnen Sie die erforderliche Sicherheit überzeugend zu argumentieren.

Die Aussicht, das große Los zu gewinnen, ist um so größer, je mehr Lose man kauft. In unserem Fall heißt das, je besser und umfangreicher man sich vorbereitet, desto mehr besteht die Möglichkeit, Argumente zu finden, die man als Volltreffer bezeichnen kann. Ohne Vorbereitung ist eine Erfolgschance gering. Die Technik des Brainstormings, die hier erläutert wird, soll dazu beitragen, den latenten Argumentationsreichtum ans

Tageslicht zu befördern. Unser Ideenreichtum wird meistens bei weitem nicht ausgeschöpft. Daraus resultieren viele Minderwertigkeitsgefühle, weil einem oft der innere, geistige Reichtum nicht bekannt ist. Die Grundidee der Gedankenfindung besteht darin, daß ein Team produktiver ist als der Einzelmensch. Dazu kommt noch, wir machen im Grunde immer denselben Fehler: Wir unterziehen unsere Gedanken immer direkt einer positiven und negativen Kritik. Dabei wird aber – und das ist sehr wichtig – die Produktivität, bzw. der Einfallsreichtum gehemmt, denn wir müssen immer von Kreativität auf Kritik umschalten. Vielmehr sollten wir folgenden Weg gehen: möglichst viele Anregungen von anderen und mit Hilfsmitteln, wie Bücher, sammeln und uns selbst möglichst viele Ideen einfallen lassen und mit der endgültigen Beurteilung so lange warten, bis eine genügend große Anzahl von Vorschlägen zur Verfügung steht.

Wichtig:

1. Der Phantasie freien Lauf lassen! Es ist besser, Ideen umzuändern, als sie nie gefunden zu haben.

2. Je abenteuerlicher die Idee, desto besser! Wenn jemand auf Ideenjagd geht, dann sollte er dem Verstand freien Lauf lassen und ihn nicht anderweitig belasten und blockieren.

Die herkömmliche Denkweise muß mehr oder weniger außer acht gelassen werden, weil wir geneigt sind, immer in festgefahrenen Bahnen zu denken, die nicht immer besonders produktiv sind. Nur ein kleiner Prozentsatz der gefundenen Argumente hat einen praktischen Wert, aber dafür sind das auch echte Volltreffer.

Wie kann man nun ein Brainstorming durchführen? Wie schon oben erwähnt, wird Brainstorming im Team gemacht. Hier werden Sie vielleicht schon einwenden, daß Sie in den seltensten Fällen mehrere geeignete Leute zur Verfügung haben für ein Brainstorming. Damit haben Sie eventuell recht oder auch unrecht. Mindestens haben Sie Ihren Ehepartner, einen Bekannten, einen Kollegen oder Geschäftsfreunde, mit denen man Ideen austauschen kann. Die Teilnehmer brauchen keine Fachleute in der Materie sein. Im Gegenteil, es ist sogar gut, wenn ein Nichtfachmann ihre Argumente prüft, wenn Ihre Argumente für Nichtfachleute bestimmt sind.(Was hat ein Versicherungskaufmann davon, wenn sein Kollege ein Argument sehr gut findet, Herr Schulze aber, für den es gedacht ist, nichts damit anfangen kann?)

»Man braucht wesentlich mehr Bausteine, als sich nachher vermauern lassen« (Kilian). Tragen Sie alles zusammen, was Ihnen zu Ihrem Thema »in die Finger« kommt. Ein Notizblock ist für Sie, was für den Fischer das Netz ist.

Zunächst keine Kritik! Kritik hat ihre Berechtigung und ist sogar äußerst wichtig, aber sie gehört nicht in das Anfangsstadium. Kreatives Denken ist ein hauptsächlich positiver Vorgang. Kritisieren hat oft negative Auswirkungen. Es verlangsamt den Denkprozß, weil es uns zwingt, ständig zwischen Idee und Kritik hin- und herzuwechseln. Haben wir uns einmal auf Ideenfindung eingestellt, müssen wir wieder umdenken, um die Ideen zu beurteilen. Die meisten Erfindungen waren vorher völlig absurde Ideen. Hätte man diese Ideen im Keim erstickt, dann wäre es nie zu den Erfindungen gekommen (zum Beispiel Radio und Fernsehen). Ein Argument kreieren ist etwas anderes als es zu beurteilen.

Zunächst kommt es mehr auf die Quantität als auf die Qualität der Argumente an. Je mehr »Argumente« gefunden werden, desto größer ist die Wahrscheinlichkeit, daß wirklich gute darunter sind. Wenn ich die Kritik zunächst ausschließe, der Phantasie freien Lauf lasse und viele Hilfsmittel und die Ideen anderer in Anspruch nehme, ist am ehesten die Voraussetzung gegeben, daß eine geistige Kettenreaktion von Ideen entsteht. Eine Idee zeugt die nächste. Das motiviert den Denkprozeß zu weiterem schöpferischen Tun.

Es ist notwendig, alle Ideen aufzuschreiben, besonders, wenn sich das Brainstorming über Tage hinweg erstreckt. Erst nach ausführlicher Stoffsammlung folgt das Stadium der Kritik. Jetzt werden alle unbrauchbaren und unrealistischen Argumente überprüft und aussortiert. Diesen Prozeß kann man allein oder auch wieder mit größerem oder kleinerem Team durchführen. Die brauchbaren Argumente formuliert man in prägnanten Sätzen (am besten schriftlich!). Diese Argumente unterzieht man jetzt einer noch schärferen Kritik und versucht, durch ein gezieltes Brainstorming herauszufinden, welche Gegenargumente von der Gegenpartei eingewendet werden könnten. Finden sich sehr starke Gegenargumente, dann müssen die Argumente abgeändert oder fallen gelassen werden. In jedem Fall wird das Endergebnis an Einfallsreichtum die Argumente übertreffen, die nach althergebrachtem Denkprozeß meist oberflächlich und im Alleingang entwickelt wurden.

Merke: *Keiner weiß allein so viel, wie viele zusammen.*

Am Rande sei noch erwähnt, daß die durch Brainstorming zustande gekommenen Argumente oft sachlicher und objektiver sind, als die eigenen, da jeder einseitig subjektiv ist. Das Brainstorming hilft uns über den eigenen Zaun hinwegschauen.

Überdenken Sie immer wieder den Stoff. Gliedern Sie zum Beispiel in

1. Kernstoff (Eigenstoff) und
2. Randstoff (= Fremdstoff).

Die Stoffsammlung der Argumente ist vergleichbar einem Reifungsprozeß, einer Gärung, einem Brutvorgang oder einer Schwangerschaft. Langsam schälen sich die Kernargumente (= das essentielle Konzentrat) heraus. Überdenken Sie auch bei der Vorbereitung eine Mini-, eine Midi- und eine Maxi-Version Ihrer Argumentationsweise, denn je nach Situation brauchen Sie die eine oder die andere Form.

Eine andere Möglichkeit der kritischen Beurteilung ist: Sortieren Sie Ihre Einfälle in die herkömmlichen und die ungewöhnlichen Ideen. Wollte man seine Probleme mit Hilfe der üblichen, stereotypen Denkweisen lösen, wäre man damit sehr schnell am Ende. Die gefundene Lösung wäre meistens entsprechend banal. Wenn Sie die neuen Ideen nach Tagen nochmal durchlesen, sind Sie erstaunt, wie viele Möglichkeiten, das heißt wie viele Argumente es gibt, ein bestimmtes Problem zu lösen. Ihre herkömmlichen, stereotypen Gedankengänge erscheinen in einem neuen Licht. Neue Einfälle können entstehen:

1. durch neue inhaltliche Zusammenhänge und
2. durch neue Wort- und Satzkombinationen, die neue Assoziationen wecken.

Aber das ergibt sich eben erst durch Brainstorming. Auch hier gilt das Leitwort von Edison: »Eine Erfindung setzt sich zusammen aus 1 % Inspiration und 99 % Transpiration.« Gerade für den Wirtschaftsbereich sind solche Einfälle von verkaufsfördernder Bedeutung. Es müssen immer wieder neue, wirkungskräftigere Argumente gefunden werden, die nichtssagende, stereotype Verkaufsformeln ablösen. Die Sammlung »konservativer« Lösungen erfüllt einen doppelten Zweck:

1. Auf diese Weise ist Ihr Denkprozeß angeregt worden.
2. Zum anderen haben Sie Ihre Denkweise von allen »vernünftigen« Ideen befreit und sind somit gezwungen, alle weiteren Einfälle aus einer angeregten Phantasie zu schöpfen.

Überlegen Sie, wie schnell wir wirklich an herkömmliche Denkweisen gefesselt sind und oft nicht bedenken, daß es noch andere Möglichkeiten gibt, Argumente zu finden. Beispiel: Warum diskutiert man?

herkömmliche Argumente	neue, durch Brainstorming gefundene Argumente
1. um eine Sache von verschiedenen Gesichtspunkten zu sehen	1. für den Referenten, denn Diskussionsbeiträge sind neue Anregungen und ein feedback für ihn
2. um verschiedenen Meinungen kennenzulernen	2. um frei reden zu lernen
3. aus Spaß an dem Thema	3. um Anregungen für Beruf, Politik, Hobby, Familie und Gesellschaft zu bekommen
4. um die Wahrheit zu finden	4. um die eigene Persönlichkeit zu entwickeln
5. um bestehende Zustände zu ändern	5. als Stoffsammlung für ein Referat, einen Vortrag oder eine Ansprache
6.	6. . . . .

Denken Sie weniger an Probleme, sondern an Lösungen!

Abschließend folgender Rat: Lassen Sie Ihrer Phantasie freien Lauf, beanspruchen Sie die Meinungen vieler anderer Leute und benutzen Sie alle denkbaren Quellen zur Information, damit Sie möglichst viele Gesichtspunkte einer Frage antasten. So ist Ihnen die Möglichkeit gegeben, auch ein Maximum an Argumenten zu finden und ein Optimum auszuwählen. Sie haben sicher oft die Erfahrung gemacht, wie sehr Ihre Phantasie gehemmt wird, wenn Sie gleichzeitig Argumente suchen und überprüfen. Von dieser Methode müssen Sie auf alle Fälle wegkommen und kreativere Methoden des Vorbereitens lernen. Dazu gehört hauptsächlich das Brainstorming.

Das Sprechdenken

Bei jeder Vorbereitung unterscheiden wir eine entferntere und eine nähere Vorbereitung. Die entferntere Vorbereitung ist das Wissen, das man über ein Fachgebiet durch Studium oder praktische Erfahrung über Jahren hinweg erworben hat. Die engere Vorbereitung ist dagegen eine spezielle Auswahl des Stoffes, Gliederung des Stoffes, Beispiele usw. Es ist nicht immer möglich, eine Argumentation in allen Teilen vorzubereiten, weil man mit verschiedenen Personen, an verschiedenen Orten, zu verschiedenen Zeiten und in verschiedenen Situationen argumentieren muß. Daher muß man sein Fachgebiet möglichst detailliert beherrschen, damit man blitzschnell schlagfertig aus dem Vollen schöpfen kann.

Argumentationen müssen von langer Hand vorbereitet werden, denn im konkreten Fall fällt einem das entscheidende Argument sonst nicht ein. Dazu kommt noch, daß man nicht zu jeder Tageszeit gleich kreativ ist. Wenn es eben geht, muß man die schöpferischen Stunden am Tag ausnutzen. Schreiben Sie deshalb immer sofort auf, was Ihnen zur Argumentation einfällt. Diese Aufgabe mag Ihnen als unnötige Bagatelle erscheinen, aber Sie werden feststellen, daß Sie gute Gedanken vergessen, wenn Sie sie nicht gleich notieren.

Dazu kommt noch folgende interessante Tatsache: der Sprechdenkablauf. Heinrich von Kleist hat uns für die Kommunikation einen sehr wichtigen Aufsatz diesbezüglich hinterlassen. Der Wichtigkeit halber sei er hier wiedergegeben.

Heinrich von Kleist: Über die allmähliche Verfertigung der Gedanken beim Reden. An Rühle von Lilienstern.

»Wenn du etwas wissen willst und es durch Meditation nicht finden kannst, so rate ich dir, mein lieber, sinnreicher Freund, mit dem nächsten Bekannten, der dir aufstößt, darüber zu sprechen. Es braucht nicht eben ein scharfdenkender Kopf zu sein, auch meine ich es nicht so, als ob du ihn darum befragen solltest: nein! Vielmehr sollst du es ihm selber allererst erzählen. Ich sehe dich zwar große Augen machen und mir antworten, man habe dir in früheren Jahren den Rat gegeben, von nichts zu sprechen, als nur von Dingen, die du bereits verstehst. Damals aber sprachst du wahrscheinlich mit dem Vorwitz, andere, ich will, daß du aus der verständigen Absicht sprechest, dich zu belehren, und so könnten, für verschiedene Fälle verschieden, beide Klugheitsregeln vielleicht gut nebeneinander bestehen. Der Franzose sagt, l'appétit vient en mangeant, und dieser Erfahrungssatz bleibt wahr, wenn man ihn parodiert, und sagt, L'idée vient en parlant. Oft sitze ich an meinem Geschäftstisch über den Akten und erforsche in einer verwickelten Streitsache den Gesichtspunkt, aus welchem sie wohl zu beurteilen sein möchte. Ich pflege dann gewöhnlich ins Licht zu sehen, als in den hellsten Punkt, bei dem Bestreben, in welchem mein innerstes Wesen begriffen ist, sich aufzuklären: Oder ich suche, wenn mir eine algebraische Aufgabe vorkommt, den ersten Ansatz, die Gleichung, die die gegebenen Verhältnisse ausdrückt und aus welcher sich die Auflösung nachher durch die Rechnung leicht ergibt. Und siehe da, wenn ich mit meiner Schwester davon rede, welche hinter mir sitzt und arbeitet, so erfahre ich, was ich durch ein vielleicht stundenlanges

Brüten nicht herausgebracht haben würde. Nicht, als ob sie es mir im eigentlichen Sinne sagte; denn sie kennt weder das Gesetzbuch, noch hat sie den Euler oder den Kästner studiert. Auch nicht, als ob sie mich durch geschickte Fragen auf den Punkt hinführte, auf welchen es ankommt, wenn schon dies letzte häufig der Fall sein mag. Aber weil ich doch irgendeine dunkle Vorstellung habe, die mit dem, was ich suche, von fern in einiger Verbindung steht, so prägt, wenn ich nur dreist damit den Anfang mache, das Gemüt, während die Rede fortschreitet, in der Notwendigkeit, dem Anfang nun auch ein Ende zu finden, jene verworrene Vorstellung zur völligen Deutlichkeit aus, dergestalt, daß die Erkenntnis zu meinem Erstaunen mit der Periode fertig ist. Ich mische unartikulierte Töne ein, ziehe die Verbindungswörter in die Länge, gebrauche auch wohl eine Apposition, wo sie nicht nötig wäre, und bediene mich anderer, die Rede ausdehnender Kunstgriffe, zur Fabrikation meiner Idee auf der Werkstätte der Vernunft die gehörige Zeit zu gewinnen. Dabei ist mir nichts heilsamer, als eine Bewegung meiner Schwester, als ob sie mich unterbrechen wollte; denn mein ohnehin schon angestrengtes Gemüt wird durch diesen Versuch von außen, ihm die Rede, in deren Besitz er sich befindet, zu entreißen, nur noch mehr erregt und in seiner Fähigkeit, wie ein großer General, wenn die Umstände drängen, noch um einen Grad höher gespannt. In diesem Sinne begreife ich, von welchem Nutzen Molière seine Magd sein konnte; denn wenn er derselben, wie er vorgibt, ein Urteil zutraute, das das seinige berichtigen konnte, so ist dies eine Bescheidenheit, an deren Dasein in seiner Brust ich nicht glaube. Es liegt ein sonderbarer Quell der Begeisterung für denjenigen, der spricht, in einem menschlichen Antlitz, das ihm gegenübersteht; und ein Blick, der uns einen halbausgedrückten Gedanken schon als begriffen ankündigt, schenkt uns oft den Ausdruck für die ganze andere Hälfte desselben. Ich glaube, daß mancher große Redner in dem Augenblick, da er den Mund aufmachte, noch nicht wußte, was er sagen würde. Aber die Überzeugung, daß er die ihm nötige Gedankenfülle schon aus den Umständen und der daraus resultierenden Erregung seines Gemütes schöpfen würde, machte ihn dreist genug, den Anfang, auf gutes Glück hin, zu setzen. Mir fällt jener »Donnerkeil« des Mirabeau ein, mit welchem er den Zeremonienmeister abfertigte, der nach Aufhebung der letzten monarchischen Sitzung des Königs am 23ten Juni, in welcher dieser den Ständen auseinanderzugehen anbefohlen hatte, in den Sitzungssaal, in welchem die Stände noch verweilten, zurückkehrte und sie befragte, ob sie den Befehl des Königs vernommen hätten. »Ja«, antwortete Mirabeau, »wir haben des Königs Befehl vernommen« – ich bin gewiß, daß er bei diesem humanen Anfang noch nicht an die Bajonette dachte, mit welchen er schloß: »ja, mein Herr«, wiederholte er, »wir haben ihn vernommen« – man sieht, daß er noch gar nicht recht weiß, was er will. »Doch was berechtigt Sie« – fuhr er fort, und nun plötzlich geht ihm ein Quell ungeheurer Vorstellungen auf – »uns hier Befehle anzudeuten? Wir sind die Repräsentanten der Nation.« – Das war es, was er brauchte! »Die Nation gibt Befehle und empfängt keine« – um sich gleich auf den Gipfel der Vermessenheit zu schwingen. »Und damit ich mich Ihnen ganz deutlich erkläre«, – und erst jetzt findet, was den ganzen Widerstand, zu welchem seine Seele gerüstet steht, ausdrückt: »so sagen Sie Ihrem Könige, daß wir unsere Plätze anders nicht als auf die Gewalt der Bajonette verlassen werden.« – Worauf er sich selbstzufrieden auf einen Stuhl niedersetzte. – Wenn man an den Zeremonienmeister denkt, so kann man sich ihn bei diesem Auftritt nicht anders als in einem völligen Geistesbankerott vorstellen; nach einem ähnlichen Gesetz, nach welchem in einem Körper, der von dem elektrischen Zustand Null ist, wenn er in eines elektrisierten Körpers Atmosphäre kommt, plötzlich die entgegengesetzte Elektrizität erweckt wird.

Und wie in dem elektrisierten dadurch nach einer Wechselwirkung der ihm inwohnende Elektrizitäts-Grad wieder verstärkt wird, so ging unseres Redners Mut bei der Vernichtung seines Gegners zur verwegensten Begeisterung über. Vielleicht, daß es auf diese Art zuletzt das Zucken einer Oberlippe war oder ein zweideutiges Spiel an der Manschette, was in Frankreich den Umsturz der Ordnung der Dinge bewirkte. Man liest, daß Mirabeau, sobald der Zeremonienmeister sich entfernt hatte, aufstand und vorschlug: 1. sich sogleich als Nationalversammlung und 2. als unverletzlich zu konstituieren. Denn dadurch, daß er sich, einer Kleistischen Flasche gleich, entladen hatte, war er nun wieder neutral geworden, und gab, von der Verwegenheit zurückgekehrt, plötzlich der Furcht vor dem Chatelet und der Vorsicht Raum. –

Das ist eine merkwürdige Übereinstimmung zwischen den Erscheinungen der physischen und der moralischen Welt, welche sich, wenn man sie verfolgen wollte, auch noch in den Nebenumständen bewähren würde, Doch ich verlasse mein Gleichnis und kehre zur Sache zurück. Auch Lafontaine gibt in seiner Fabel: les animaux malades de la peste, wo der Fuchs dem Löwen eine Apologie zu halten gezwungen ist, ohne zu wissen, wo er den Stoff dazu hernehmen soll, ein merkwürdiges Beispiel von einer allmählichen Verfertigung des Gedankens aus einem in der Not hingesetzten Anfang. Man kennt diese Fabel. Die Pest herrscht im Tierreich, der Löwe versammelt die Großen desselben und eröffnet ihnen, daß dem Himmel, wenn er besänftigt werden solle, ein Opfer fallen müsse. Viele Sünder seien im Volke, der Tod des größten müsse die übrigen vom Untergang retten. Sie möchten ihm daher ihre Vergehungen aufrichtig bekennen. Er für seinen Teil gestehe, daß er im Drange des Hungers machem Schafe den Garaus gemacht; auch dem Hunde, wenn er ihm zu nahe gekommen; ja, es sei ihm in leckerhaften Augenblikken zugestoßen, daß er den Schäfer gefressen. Wenn niemand sich größerer Schwachheiten schuldig gemacht habe, so sei er bereit, zu sterben. »Sire«, sagt der Fuchs, der das Ungewitter von sich ableiten will, »Sie sind zu großmütig. Ihr edler Eifer führt Sie zu weit. Was ist es, ein Schaf zu erwürgen? Oder einen Hund, diese nichtswürdige Bestie? Und: quant au berger«, fährt er fort, denn dies ist der Hauptpunkt: »on peut dire«, obschon er noch nicht weiß, was, »qu'il mér toit tout mal«; auf gut Glück; und somit ist er verwickelt; »étant«; eine schlechte Phrase, die ihm aber Zeit verschafft: »de ces gens là«, und nun erst findet er den Gedanken, der ihn aus der Not reißt: »qui sur les animaux so font un chimérique empire. »Und jetzt beweist er, daß der Esel, der blutdürstige! (der alle Kräuter auffrißt), das zweckmäßigste Opfer sei, worauf alle über ihn herfallen und ihn zerreißen. – Ein solches Reden ist ein wahrhaft lautes Denken. Die Reihen der Vorstellungen und ihrer

Bezeichnungen gehen nebeneinander fort, und die Gemütsakten für eins und das andere kongruieren.

Die Sprache ist alsdann keine Fessel, etwa wie ein Hemmschuh an dem Rade des Geistes, sondern wie ein zweites, mit ihm parallel fortlaufendes Rad an seiner Achse. Etwas ganz anderes ist es, wenn der Geist schon vor aller Rede mit dem Gedanken fertig ist. Denn dann muß er bei seiner bloßen Ausdrückung zurückbleiben, und dies Geschäft, weit entfernt ihn zu erregen, hat vielmehr keine andere Wirkung, als ihn von seiner Erregung abzuspannen. Wenn daher eine Vorstellung verworren ausgedrückt wird, so folgt der Schluß noch gar nicht, daß sie auch verworren gedacht worden sei; vielmehr könnte es leicht sein, daß die verworrenst ausgedrückten gerade am deutlichsten gedacht werden. Man sieht oft in einer Gesellschaft, wo durch ein lebhaftes Gespräch eine kontinuierliche Befruchtung der Gemüter mit Ideen im Werk ist, Leute, die sich, weil sie sich der Sprache nicht mächtig fühlen, sonst in der Regel zurückgezogen halten, plötzlich mit einer zuckenden Bewegung aufflammen, die Sprache an sich reißen und etwas Unverständliches zur Welt bringen. Ja, sie scheinen, wenn sie nun die Aufmerksamkeit aller auf sich gezogen haben, durch ein verlegenes Gebärdenspiel anzudeuten, daß sie selbst nicht mehr recht wissen, was sie haben sagen wollen. Es ist wahrscheinlich, daß diese Leute etwas recht Treffendes und sehr deutlich gedacht haben. Aber der plötzliche Geschäftswechsel, der Übergang ihres Geistes vom Denken zu Ausdrücken schlug die ganze Erregung desselben, die zur Festhaltung des Gedankens notwendig wie zum Hervorbringen erforderlich war, wieder nieder. In solchen Fällen ist es um so unerläßlicher, daß uns die

Sprache mit Leichtigkeit zur Hand sei, um dasjenige, was wir gleichzeitig gedacht haben und doch nicht gleichzeitig von uns geben können, wenigstens so schnell als möglich aufeinander folgen zu lassen. Und überhaupt wird jeder, der bei gleicher Deutlichkeit geschwinder als sein Gegner spricht, einen Vorteil über ihn haben, weil er gleichsam mehr Truppen als er ins Feld führt. Wie notwendig eine gewisse Erregung des Gemüts ist, auch selbst nur, um Vorstellungen, die wir schon gehabt haben, wieder zu erzeugen, sieht man oft, wenn offene und unterrichtete Köpfe examiniert werden, und man ihnen ohne vorhergegangene Einleitung Fragen vorlegt, wie diese: was ist der Staat? Oder: was ist das Eigentum? Oder dergleichen. Wenn diese jungen Leute sich in einer Gesellschaft befunden hätten, wo man sich vom Staat oder vom Eigentum schon eine Zeitlang unterhalten hätte, so würden sie vielleicht mit Leichtigkeit durch Vergleichung, Absonderung und Zusammenfassung der Begriffe die Definition gefunden haben. Hier aber, wo diese Vorbereitung des Gemüts gänzlich fehlt, sieht man sie stocken, und nur ein unverständiger Examinator wird daraus schließen, daß sie nicht wissen. Denn nicht wir wissen, es ist allererst ein gewisser Zustand unsrer, welcher weiß.

Nur ganz gemeine Geister, Leute, die was der Staat sei, gestern auswendig gelernt und morgen schon wieder vergessen haben, werden hier mit der Antwort bei der Hand sein. Vielleicht gibt es überhaupt keine schlechtere Gelegenheit, sich von einer vorteilhaften Seite zu zeigen als gerade ein öffentliches Examen. Abgerechnet, daß es schon widerwärtig und das Zartgefühl verletztend ist, und daß es reizt, sich stetig zu zeigen, wenn solch ein gelehrter

Roßkamm uns nach den Kenntnissen sieht, um uns, je nachdem es fünf oder sechs sind, zu kaufen oder wieder abtreten zu lassen: es ist so schwer, auf ein menschliches Gemüt zu spielen und ihm seinen eigentümlichen Laut abzulocken; es verstimmt sich so leicht unter ungeschickten Händen, daß selbst der geübteste Menschenkenner, der in der Hebammenkunst der Gedanken, wie Kant sie nennt, auf das meisterhafteste bewandert wäre, hier noch wegen der Unbekanntschaft mit seinem Sechswöchner Mißgriffe tun könnte. Was übrigens solchen jungen Leuten, auch selbst den unwissendsten noch, in den meisten Fällen ein gutes Zeugnis verschafft, ist der Umstand, daß die Gemüter der Examinatoren, wenn die Prüfung öffentlich geschieht, selbst zu sehr befangen sind, um ein freies Urteil fällen zu können. Denn nicht nur fühlen sie häufig die Unanständigkeit dieses ganzen Verfahrens: man würde sich schon schämen, von jemanden, daß er seine Geldbörse vor uns ausschütte, zu fordern, viel weniger, seine Seele: sondern ihr eigener Verstand muß hier eine gefährliche Musterung passieren, und sie mögen oft ihrem Gott danken, wenn sie selbst aus dem Examen gehen können, ohne sich Blößen, schmachvoller vielleicht als der eben von der Universität kommende Jüngling, begeben zu haben, den sie examinierten.«

In diesem Aufsatz von Kleist finden sich – um es ganz klar herauszustellen – zwei wesentliche Gedanken:

1. Während des Sprechens werden uns die Zusammenhänge klarer. Wir müssen Gedanken genau formulieren, dazu müssen wir vorher auch präzise denken. »Die Sprache verbessern heißt, den Gedanken verbessern«, hat einmal jemand gesagt.
2. Beim Sprechen fallen uns oft erst neue wesentliche, wirkungsvolle Argumente ein.

Merke: *Die wesentlichen Gedanken kommen einem oft über das Sprechen selbst.*

Jeder Dozent wird diese Tatsache bestätigen können. Während eines Vortrages oder einer mündlichen Prüfung findet man oft entscheidende Gedanken. Das lautliche Sprechen regt nämlich das Denken an. Diese Tatsache nennt man Sprechdenkablauf. Daraus ergibt sich für die Argumentation: Wenn die angestrebten Ziele klar sind, lassen sich manchmal noch entscheidende Gedanken finden, wenn während der Argumentation noch zusätzliche Argumente vorbereitet werden müssen.

4. Leitsätze der Argumentation

In diesem Abschnitt geht es darum – wie die Überschrift sagt – einige Leitsätze aufzuzeigen, die wir bei jeder Argumentation beachten sollten. Dieser Abschnitt erhebt keinen Anspruch auf Vollständigkeit. Es geht darum zu zeigen, wie einige Leitgedanken jede Argumentation beeinflussen und zu den gewünschten Zielen führen. In diesem Buch geht es um nichts anderes, als um eine erfolgreiche Argumentation, vorwiegend unter dem Gesichtspunkt der persönlichen Suggestivkraft.

Seien Sie auf jeden Fall darauf bedacht, in Ihrer Argumentationsverhandlung *eine Einigung zu erzielen,* denn ob Sie noch einmal die Gelegenheit bekommen, gegenseitige Argumente auszutauschen, wissen Sie niemals. Ein günstiger Abschluß wäre für Sie zum Beispiel schon eine Alternativ-Lösung, die Ihrem Partner die Freiheit läßt, Nebenpunkte, aber niemals mehr den Hauptpunkt in Frage zu stellen.

Seien Sie *niemals empört oder ärgerlich,* wenn nicht alles so glatt läuft, wie Sie es wünschen. Jeder hat das Recht, eine Behauptung in Frage zu stellen. Aber behalten Sie den roten Faden der Argumentation immer im Auge.

Nichts ist für Sie *gefährlicher als die bewußte Ablenkung* des Gegners. Wenn Ihr Partner dennoch eine neue Thematik in die Argumentation einbringen möchte, muß er das begründen.

Von großem Vorteil ist es für Sie, wenn Sie während der Diskussion einen oder mehrere auf Ihrer Seite haben, die Ihre Argumente bekräftigen. Ein Argument ist um so wirkungsvoller, wenn Dritte das gleiche behaupten. Handeln Sie immer so: *Unterstützen Sie immer diejenigen, die die gleichen Argumente wie Sie haben und umgekehrt: Lassen Sie sich unterstützen.*

Vermeiden Sie eine Dissonanz. Unter Dissonanz versteht man eine Diskrepanz zwischen Handeln und Wollen. Jeder ist darauf bedacht, sein Handeln zu motivieren. Wir handeln oft nicht, weil wir Gründe dafür haben, sondern umgekehrt: Wir handeln erst und suchen uns dann die Gründe dafür. Hier zwei Beispiele: Ein Raucher liest bestimmt keinen Artikel über die Schädlichkeit des Rauchens, weil dadurch sein seelisches Gleichgewicht gestört wird. Alle Argumente für die Schädlichkeit des Rauchens sind in seinen Augen unwesentlich und von Gesundheitsaposteln erfunden. Er weiß selbst alles besser. – Hat jemand ein neues Auto gekauft, dann hört der Käufer nur die Leute, die ihm bestätigen, eine richtige Wahl getroffen zu haben, alle anderen verstehen für ihn offenbar nichts von der Sache. Achten Sie also bitte immer darauf, daß Sie niemals solche Dissonanzen in Ihrem Partner erzeugen, denn diese sind stärker als Ihre einsichtigen Argumente.

Damit alle Argumente Ihres Partners keine graue Theorie bleiben, *verlangen Sie immer konkrete Beispiele,* wie man die Argumente anwenden könnte. Ihr Partner muß also seine Argumente immer konkretisieren, sonst melden Sie Zweifel an.

Dazu gehört natürlich auch, wie sehr Sie auf der Hut sein müssen, daß *kein Einzelfall verallgemeinert wird* – eine bekannte Vorliebe derjenigen, die weniger beweisen, als vielmehr manipulieren wollen. Vieles ist wirklich reine Theorie. Im ersten Augenblick ist man sehr beeindruckt, aber lassen Sie sich nicht täuschen. Prüfen Sie, ob die Argumente der konkreten Wirklicheit standhalten.

Es hat wirklich *keinen Wert* für Sie, wenn Sie *utopische Argumente auftischen.* Je übertriebener und arroganter Sie argumentieren, desto weniger Vertrauen wird man Ihnen schenken.

Achten Sie immer darauf, welche *Methoden und Praktiken Ihr Partner anwendet* und *nützen Sie sie gegen ihn.* Dazu brauchen Sie Mut, Selbstsicherheit und Kühnheit. Das gibt Ihnen sicherlich die Kraft, ruhig zu bleiben und sachgemäß zu argumentieren.

Überlegen Sie immer erst, was Sie sagen. Spontane Reaktionen sind oft weniger sachlich und deshalb unbedingt zu meiden. Es ist sehr schwer, Gesagtes zurückzunehmen.

Versuchen Sie, Ihren *Partner immer in den Kommunikationsprozeß mit einzubeziehen.* Ein Vorteil ist nämlich für Sie, wenn er selbständig Lösungen findet, denn das hebt gewaltig sein Selbstbewußtsein. Lösungen, die man selber findet – und die auch noch den eigenen Erwartungen entsprechen – akzeptiert man natürlich sofort. Präsentieren Sie Ihrem Gegner Ihre Ideen so, daß er glaubt, es seien seine eigenen.

Man muß um seine eigenen Vorteile wissen, um sie einsetzen zu können. Das Kommunikationstraining zeigt, welche Vorteile man persönlich hat. Das hebt das Selbstbewußtsein und das Selbstvertrauen. Man wagt mehr als man sich zugemutet hätte – und das ist immer ein Vorteil. Das Lob des Trainers über Ihre

Person ist mehr als nur eine Belobigung – das wäre vielleicht auch zu einfach – man muß um sich wissen, weil man dann die motivierende Kraft besitzt, etwas zu wagen, was man sonst nicht gewagt hätte.

Je mehr Sie über Ihren Partner erfahren – besonders während der Argumentation – *desto leichter können Sie in der Kombination der Argumente variieren.* Achten Sie deshalb während des Gesprächs auf Mimik und Gestik Ihres Partners. Das Außerakustische gehört zu einem vielsagenden »feed-back«, das Ihnen eine Menge über Ihren Gesprächspartner signalisieren kann.

Argumentation ist niemals eine Einbahnkommunikation. Lassen Sie Ihren Partner alle seine Argumente sagen. Nichts ist *unhöflicher und auch unklüger, als dem Partner ins Wort zu fallen oder ihn gar »tot zu reden«. Damit erzeugen Sie nur Aggressionen, die Sie so leicht nicht abbauen können. Es ist sogar sehr gut, wenn Ihr Partner alle seine Argumente gleich sagt. Damit verausgabt er sich und hat dann Ihren Argumenten kaum noch etwas entgegenzusetzen.*

Ignorieren Sie nie ein Problem, Sie können sonst versichert sein, es kommt in potenzierter Form zurück, was sehr unangenehm für Sie sein kann. Ein gelöstes Problem ist eine Hürde, die Sie bereits genommen haben.

Man sollte niemals übertreiben, weder mit seinen Leistungen in der Verhandlung, noch mit Argumenten, denn das macht jeden Partner skeptisch. Selbst die geringste Skepsis entwertet jedes Argument.

Tun Sie nie etwas, was Ihr Vertrauen mindern könnte, denn das Vertrauen ist wie ein Kartenhaus. Es ist mühsam aufzubauen, kann aber in Sekunden zerstört werden.

Sprechen Sie Ihren Partner zunächst immer gefühlsmäßig an. Das erleichtert Ihnen den Zugang sowohl zu Ihrem Partner, als auch in die zu behandelnde Materie. Die meisten Menschen orientieren sich stärker an Gefühlen, als ihnen bewußt ist.

Dabei *zeigen Sie* auch *niemals, daß Sie ein Argument* Ihres Partners *schon kennen.* Ihr Partner könnte enttäuscht sein. Ein Argument ist immer neu, wenigstens in der Formulierung, in der *Sie* es hören.

Zeigen Sie vielmehr immer, *daß auch Sie an der Lösung des Problems herumknobeln.*

Dabei macht es auf Ihren Partner auch einen guten Eindruck, wenn Sie *zugestehen,* sich dann und wann *geirrt zu haben.*

Sollte Ihr Partner sich irren, dann korrigieren Sie ihn nur, wenn das unbedingt notwendig ist.

Sollten Sie feststellen, daß man nicht sachlich argumentieren will, dann brechen Sie auf jeden Fall die Diskussion ab. Vielleicht haben wir uns in der Politik schon zu sehr daran gewöhnt, persönliche Diffamierungen für sachliche Argumente zu halten.

Gewalt, Haß und Diffamierungen sind die »Argumente« derer, die Unrecht haben.

Sagen Sie *nie etwas Schlechtes über Personen, die nicht anwesend sind.* Ihr Partner muß mit Recht dann annehmen, daß Sie dasselbe auch über ihn tun werden, wenn er es nicht hört.

Diffamiert man Sie, dann sollten Sie *unterscheiden, wer es sagt.* Nehmen Sie nicht alles ernst. Den dummen Menschen können Sie mit Argumenten doch nichts beweisen. Sie wissen: »Gegen die Dummen sind selbst die Götter machtlos.« Da ist vielsagendes Schweigen Ihr stärkstes Gegenargument.

Sollten Sie aber in der *Öffentlichkeit zu Unrecht angegriffen* werden, müssen Sie *Rechtsmittel in Anspruch nehmen.* Hier sollten Sie den Paragraph 187 des Strafgesetzbuches kennen:

> »Wer wider besseres Wissen in Beziehung auf einen anderen eine unwahre Tatsache behauptet oder verbreitet, welche denselben verächtlich zu machen oder in der öffentlichen Meinung herabzuwürdigen oder dessen Kredit zu gefährden geneigt ist, wird ... bestraft.«

Nicht immer sind Ihnen die Leute wohlgesonnen. Bei einer Rednerschulung sagte mir ein Teilnehmer, es komme öfter vor, daß er und seine Gruppe von bestimmten Zuhörern mit Pfiffen und Buh-Rufen empfangen würden. *Bleiben Sie* in solchen Situationen *ruhig*. Vielleicht retten Sie diese prekäre Situation noch mit Humor. »Loben« Sie das ausgesprochen melodisch gute Pfeifkonzert und raten zu einem Fernsehauftritt. Sie könnten auch ironisch sagen: »Nachdem ich *Ihre* guten Stimmen gehört habe, hören Sie jetzt *meine* Argumente.« Geben Sie solchen Gruppierungen (etwa bei Massenveranstaltungen) knallharte, ironische Antworten. Mit Argumenten werden Sie ohnehin nichts erreichen.

Lassen Sie sich nicht täuschen, *wenn Ihre Gegner »auf naiv schalten«* und die Ahnungslosen spielen möchten. Das ist eine gerne geübte Taktik. *Lassen Sie sich nichts anmerken.*

Vielleicht haben Sie dann leichtes Spiel, weil Ihre Gegner dadurch die eigene Denkrichtung verraten.

Versuchen Sie ebenfalls immer, in den Denkweisen Ihres Partners mitzudenken, denn so werden Sie die besten, ihn ansprechenden Argumente wählen. Versetzen Sie sich durch Ihr persönliches Einfühlungsvermögen in seine Lage. Sie werden überrascht sein, wie einfach und schnell Sie Argumente und Gegenargumente finden. Mit Argumenten müssen Sie Ihren Partner manipulieren. Das gelingt Ihnen aber nur, wenn Sie sich in den Partner hineindenken können.

Merke: *Bei jeder Argumentation muß das Ich-Bewußtsein zugunsten eines Wir-Bewußtseins zurücktreten.*

Ihr Partner nimmt jedes Argument gerne an, wenn er nur den geringsten Vorteil für sich erkennt. *Verbinden Sie* daher *jedes Argument mit einem Vorteil für Ihren Partner*. Es wird sich für Sie lohnen.

5. Argumentationspraktiken
(Verhandlungspraktiken)

Zum Abschluß dieses Kapitels möchte ich die wichtigsten Verhandlungspraktiken darstellen, sofern sie die Argumentation betreffen. Dieses Buch will kein Leitfaden der Verhandlungstechnik sein, dafür sei auf einschlägige Bücher verwiesen. Hier geht es nur darum, die wesentlichen Grundprinzipien von Verhandlungspraktiken, die bei jeder Argumentation von Bedeutung sind, aufzuzeigen. In Thesenform sind diese Prinzipien übersichtlich überschaubar und recht einprägsam.

Verhandlungen werden grundsätzlich aus folgenden Gründen geführt:

1. um Probleme zu lösen,
2. um Dinge zu koordinieren und
3. um zu informieren.

These 1:
Die Preisgabe eines eigenen Standpunktes muß für den Gegner immer als ein großes Opfer dargestellt werden.

Tun Sie das nicht, dann wird Ihr Partner seine Forderungen verstärken und erweitern. Geben Sie immer zu erkennen, daß Sie schon eine große Konzession gemacht haben, damit Ihr Gegner Sie aus psychologischen Gründen nicht noch mehr fordern wird. Hat man schon einmal ein »Opfer« gebracht, dann wird man erst mal ein wenig in Ruhe gelassen.

These 2:
Bei jeder Verhandlung muß immer der richtige Verhandlungspartner angesprochen werden.

Der Partner muß kompetent sein. Er muß die Vollmacht besitzen, die Verhandlung führen zu dürfen, denn wäre das nicht der Fall, dann wäre jede Verhandlung unnütz, sogar Zeitverschwendung, weil alle Ergebnisse wegen der Inkompetenz Ihres Partners keinen Wert hätten.

These 3:
Versuchen Sie bei Ihrem Partner immer als Antwort ein »Ja« zu erreichen (»Ja-aber-Methode«).

Ein »Nein« kann eine unüberbrückbare Kluft zwischen den Partnern bewirken. Das kann vielleicht sogar das Ende der Verhandlung bedeuten. Bejahen Sie erst immer grundsätzlich die Meinung Ihres Gegners und die Differenzen kleiden Sie in das »aber«. »Ja-aber« ist immer besser als »nein-denn«.

These 4:
Bereiten Sie immer Alternativlösungen vor.

Dieses Prinzip ist außerordentlich wichtig. Es ist immer gut, zu Hause verschiedene Lösungen eines Problems vorzubereiten. Allerdings dürfen die Alternativlösungen keine Konzessionen an Ihren Partner bedeuten. Alternativlösungen sind nur verschiedene Wege, ein Problem zu lösen. Psychologisch wird aber ein Alternativvorschlag von Ihrem Partner als Konzession angenommen. Das ist Ihr großer Vorteil.

These 5:
Bei jeder Verhandlung kommt es darauf an, daß der Partner so handelt, wie wir es wünschen.

Durch Wortwahl und Satzbau, durch Fragetechnik, durch Suggestion und durch Beherrschen von Diskussions- und Argumentationstechniken müssen Sie Ihren Gegner so beeinflussen, daß Sie die Oberhand behalten. Wer führt, der ist im Vorteil.

These 6:
Versuchen Sie immer, daß Ihr Gegner seine ganze Kraft in Nebensächlichkeiten des Verhandlungsstoffs investiert.

Es ist sehr gut, wenn Ihr Gegner sein ganzes Engagement an Nebensächlichkeiten verpulvert, damit ihm bei der Hauptsache der Verhandlung die Konzentrationskraft abgeht. Halten Sie sich möglichst lange in Nebensächlichkeiten auf. Wenn Ihr Gegner dann müde ist, gehen Sie zur Hauptsache über. Dadurch werden Nebensächlichkeiten für den Gegner psychologisch zur Hauptsache hochgespielt.

These 7:
Verhandeln Sie niemals auf oberster Ebene, denn dann gibt es für Sie kein Zurück mehr.

Man wählt immer – wenn es geht – untergebene Instanzen, damit man immer noch eine Möglichkeit hat, das Verhandlungsergebnis zu korrigieren. So hält man sich den Weg offen, Rückfragen an den Vorgesetzten zu stellen. Verhandelt man aber auf oberster Ebene, dann liegt das Ergebnis fest oder aber es gibt gar kein Ergebnis. Die Politik lehrt uns: Ergebnislose Verhandlungen sind sehr viel schlechter als gar keine Verhandlungen.

These 8:
Machen Sie Ihren Partner immer durch Zugeständnisse zum Schuldner.
Keine Konzession ohne Gegenkonzession!!

Wenn Sie Ihrem Partner ein Zugeständnis haben machen müssen, dann sollten Sie ihn immer daran erinnern, damit er seine Verhandlungsposition nicht verhärtet. Wenn Ihr Partner immer wieder vorgehalten bekommt, daß Sie ihm bereits Konzessionen gemacht haben, ist er eher bereit, in einer Sache nachzugeben. Aber hierbei sollten Sie nicht übersehen, daß ein Kompromiß auch ein gutes Verhandlungsergebnis sein kann. Beide Seiten sollten zufrieden sein. Eine Verhandlung ist meistens ein gegenseitiger Austausch von Interessen.

These 9:
Versuchen Sie, nur in Nebensachen Konzessionen zu machen.

Dafür ist äußerst wichtig, eine Verhandlung gründlich vorzubereiten. Sie müssen durch gute Vorbereitung genau überschauen, wo Sie Konzessionen machen dürfen. Dafür sind der oben beschriebene Argumentationskatalog und das Brainstorming unerläßliche Voraussetzungen. Glauben Sie nicht, Sie könnten während einer Argumentation alles überschauen, was wichtig oder unwichtig ist. Ihr Gegner kann Sie – wie etwa beim Schachspiel – in Positionen bringen, von denen Sie vorher nichts geahnt haben.

These 10:
Es ist empfehlenswert, Widerlegungen immer mit einer Zustimmung zu beginnen.

Würden Sie nicht zustimmen, also direkt ein »Nein« sagen, dann wäre das argumentative Gespräch zu Ende. Das »Ja« gibt Ihrem Gegner die Möglichkeit, weiter zu verhandeln und Sie haben die Möglichkeit, Ihre Bedenken in variierter Form neu zu formulieren. In einer veränderten sprachlichen Form ist Ihr Partner vielleicht leichter geneigt, Ihre Argumente zu akzeptieren. Wenn Sie nämlich zunächst zustimmen, dann signalisieren Sie Ihrem Partner, daß Ihnen etwas an der Verhandlung liegt. Sie wollen Ergebnisse haben. Wenn Sie interessiert sind, ist auch Ihr Partner an Ergebnissen interessiert und eher zu Konzessionen bereit.

These 11:
Um ein »Nein« Ihres Gegners auf jeden Fall zu vermeiden, läßt man den Gegner die Sache noch einmal überdenken.

Der Gegner erkennt gerade daran die Wichtigkeit der Argumente für seine Person. Wenn man eine Sache überdenken will und sogar muß, dann ist damit sicher auch die Bedeutung der Angelegenheit ausgedrückt. Überstürzen Sie auf keinen Fall eine Verhandlung. Lassen Sie sich sehr viel Zeit, wenn aus dem Verhandlungsergebnis schwerwiegende Konsequenzen folgen. Wenn Sie Ihren Partner zu einem Abschluß drängen, kann das sehr nachteilig für Sie sein, denn dann ist Ihr Partner eher zu einem »Nein« geneigt, als wenn er die Sache überdenken darf.

Manche Verhandlungen brauchen eben Zeit. Man kann nicht alles in einem Augenblick entscheiden.

These 12:
Bei jeder Verhandlung sollte man noch wichtige Argumente in Reserve halten und nicht schon gleich alles Pulver verschießen.

Wenn Sie immer noch neue Argumente bringen können, haben Sie große Vorteile. Man sollte nie alles auf einmal sagen, was man weiß. Wenn Ihr Verhandlungsgegner Argumente bringt, die Sie nicht mehr entkräften können, haben Sie das Spiel verloren. Derjenige ist immer im Vorteil, der die meisten Trümpfe (Argumente) besitzt. Verschweigen Sie immer das, was Ihnen Nachteile einbringen könnte. Selbstverständlich wird man einen Verhandlungsgegner nicht darauf hinweisen, was für ihn von Vorteil sein könnte. Zu jedem Zeitpunkt muß man sich ein objektives Bild über den Verlauf der Verhandlung machen können, denn man weiß nie genau, wie weit man mit den Zugeständnissen gehen kann.

These 13:
Kämpfen Sie auf jeden Fall um Positionen, auch wenn die Chancen noch so geringfügig sein sollten.

Man steckt also keine Position ohne Kampf zurück. Müssen Sie in der Gesamtargumentation eine Konzession machen, dann tun Sie das bitte nie freiwillig und ohne Schwierigkeiten zu machen. Sonst erwecken Sie den Eindruck, diese Preisgabe Ihres Standpunktes sei praktisch doch nicht von großer Bedeutung gewesen. Bedenken Sie: je einfacher und freiwilliger Sie eine Konzession machen, desto härter wird Ihr Partner mit Ihnen verhandeln, um so mehr wird er auch von Ihnen verlangen.

Jede Argumentation unterliegt dem Gebot
a) der Klugheit,
b) des gesunden Menschenverstandes und
c) des Einfühlungsvermögens.

Wenn Sie diese drei Dinge beachten, dann brauchen Sie sich in einer Argumentation nicht so leicht geschlagen zu geben. Die Wahrheit und der Erfolg liegen dann bei Ihnen.

These 14:
Beginnen Sie eine Verhandlung niemals mit den wichtigsten Streitpunkten, sondern mit nebensächlichen Punkten.

Das hat eine große psychologische Bedeutung. Man fängt immer mit den Problemen an, womit am leichtesten eine Einigung erzielt werden kann. Wenn man sich in vielen Punkten einigen konnte, dann ist es leichter, sich über Streitpunkte, die viel schwieriger sind, auch zu einigen. Auf jeden Fall muß eine Verhandlung gut anlaufen. Kann man sich nämlich zu Beginn nicht über Kleinigkeiten einigen, so ist es im Verlauf der Verhandlung äußerst schwierig, schwierige Probleme anzupacken.

These 15:
Bekunden Sie nie Ihr persönliches Interesse an einer Sache Ihres Gegners (Prinzip des Indifferentismus).

Wollen Sie von Herrn Kuckefazius einen Gebrauchtwagen kaufen, dann können Sie auf keinen Fall das Auto loben (gut erhalten, Sitze wie neu, gut gepflegt usw.) Der Herr Kuckefazius wäre ja dumm, wenn er dann den Preis nicht höher schrauben würde. Seien Sie einer Ware gegenüber indifferent oder noch besser: Kehren Sie Mängel heraus, damit der Preis für Sie wenigstens annehmbar bleibt. Grundsätzlich verteidigt der Mensch Positionen um so härter, je mehr er an ihnen interessiert ist, bei Gleichgültigkeit nimmt man dagegen die Argumente dafür oder dagegen nicht gleich so ernst.

Diese 15 Thesen mögen Ihnen helfen, Ihre Argumente ins rechte Licht zu rücken und ihnen dadurch Durchschlagskraft zu geben.

IV. Mein Argumentationspartner

1. Mit welchen Menschen habe ich es bei der Argumentation zu tun?

Es besteht wohl kaum ein Zweifel daran, daß jeder die größtmögliche Wirkung bei seinen Partnern erreichen will. Die treffsicheren Argumente zählen nicht nur inhaltlich, sondern sie sollen auch auf die Zuhörer großen Einfluß ausüben. Hierbei gibt es in bezug auf das eigene Gegenüber fünf wesentliche Probleme zu lösen, die in diesem Kapitel behandelt werden sollen.

1. Mit welchen Partnern habe ich es zu tun? Die Verschiedenheit der Partner erfordert den Wechsel und die Art der Argumente.
2. Wie kann ich meine Partner begeistern? Wie gestalte ich die Information wirkungsvoll?
3. Wie kann ich es erreichen, daß mein Partner wirklich zuhört? Wie kann er mir zuhören und warum muß er mir zuhören?
4. Wie kann ich meinen Partner motivieren, mir intensiv und froh zuzuhören und meine Argumente, als für sich wichtig und wertvoll anzusehen?
5. Wie kann ich meinen Partner durch eine gekonnte Einleitung und einen fesselnden Schluß für meine Ziele gewinnen?

Es gibt eine Menge Lehrbücher über Argumentation, aber keins behandelt diese immanent wichtigen Dinge zufriedenstellend. Deshalb sollen hier die neuen Erkenntnisse diesbezüglich einen breiten Raum einnehmen.

Lautlich gesprochene Argumentation ist niemals ohne Beziehung zum Zuhörer überzeugend. Kein Argument ohne personalen Bezug! Im Gegenteil: das Argument wird erst zum Argument, indem es verstanden und als Argument gewertet wird. Es besteht eine Wechselwirkung zwischen Sprecher und Hörer, aber auch – und das ist wichtig – zwischen Argument und Zuhörer.

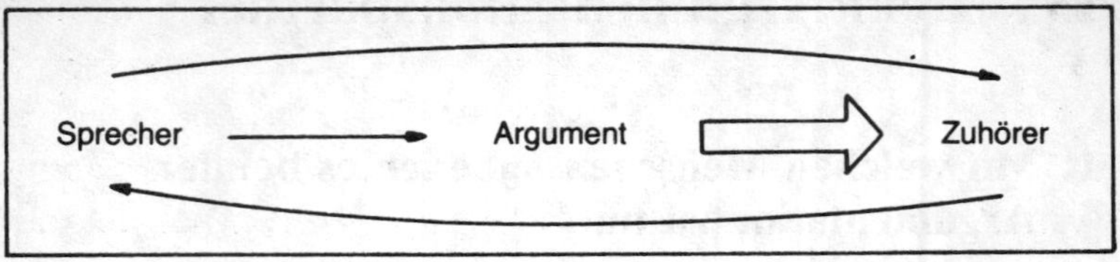

Immer wieder muß die Frage gestellt werden: Sind Argumente, die in sich einsichtig sind, auch für jeden Partner auf Anhieb einsichtig oder nicht? Ein Argument wird nicht unbedingt so gewertet, wie es gemeint ist, sondern so, wie es der Partner auffaßt. Darin liegen fast unlösbare Schwierigkeiten. Das an sich einsichtige Argument kann von seiten des Partners vornehmlich aus drei Gründen nicht richtig gewertet werden:

1. durch Vorurteile und Meinungen, die der Partner hat. Ein Vorurteil kann das richtige Urteil derart trüben, und eine Meinung kann so verhärtet sein, daß ein wichtiges Argument durch übertriebene Ich-Betonung des Partners übersehen oder entwertet wird.
2. durch psychologische Schwierigkeiten beim Partner, angefangen von einfachen seelisch bedingten Mißverständnissen bis hin zu neurotischen Störerscheinungen. Diese Partner sind für Argumente nicht zugänglich, weil ein Übergang vom Emotionalen zum Rationalen sehr erschwert oder nicht mehr möglich ist.
3. durch Geistesschwäche und permanente Unkonzentriertheit des Partners. Dieser Partner-Typ wird auch in einigen Fällen mein Argument deshalb nicht anerkennen, weil er es für sich als Schwäche auslegt. Zwei Dinge spielen eine Rolle: Er wird das Argument nicht voll begreifen und er glaubt, es könnte ihm als persönliche Schwäche und Nachgiebigkeit ausgelegt werden, wenn er dem Argument zustimmt. Mit Recht läßt sich daher sagen: Der kluge Mensch ändert im Prinzip schneller (auf überzeugende Argumente hin) seine Meinung als der dumme

Mensch. Die Lösung kann nur darin bestehen, daß ich mit dem Gewicht meiner persönlichen Suggestiv-Kraft diesen Wall von unberechtiger Ablehnung niederreiße.

Im Gegenzug ist es auch oft sehr schwer, dem Partner nachzuweisen, wie unlogisch oder gar unsinnig seine Argumente sind. Methodisch wird man so vorgehen müssen, diese Argumente des Partners vorläufig anzuerkennen und später, aufgrund des sich sicher entwickelnden Vertrauensverhältnisses, das Gesagte zu entkräften.

Gesprochene Argumentationsweisen zielen auf Zustimmungsbereitschaft und setzen das Vorhandensein eines geistigen Kontakts voraus. Hier liegt der große Unterschied zur geschriebenen Beweisführung, wie sie uns meist in philosophischen Abhandlungen begegnet. In den letzteren fehlt jeder persönliche Kontakt. Der emotionale Beweggrund tritt stark zurück zugunsten einer rationalen Berechnung. In diesem Buch geht es immer um personengebundene Argumente. Beim lautlich überzeugenden Argumentieren werden alle Argumente von der suggestiven, emotionalen und engagierten Personalität umgeben.

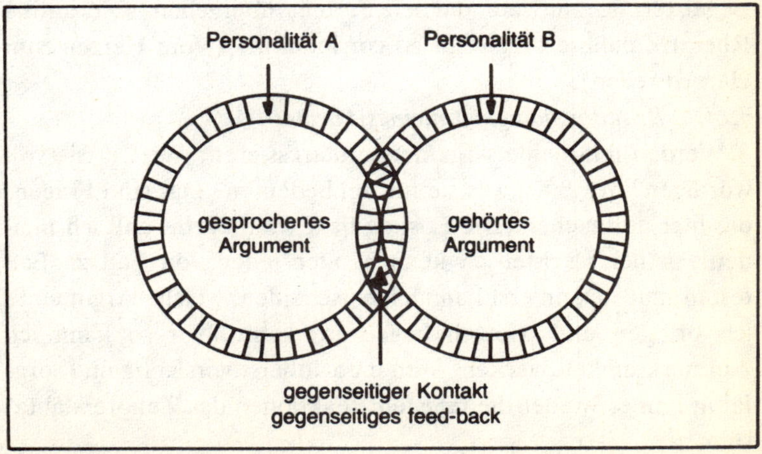

Hier ist auch die Frage von Bedeutung, ob und wann ein Zuhörer für ein Argument disponiert ist. Der Verfasser weiß aus vielen Kursen, wie schwer es manche Menschen in dieser Hinsicht haben, die täglich mit Argumenten arbeiten müssen. Ob und wie ein Partner Argumenten voll zugänglich ist, hängt von folgenden Faktoren ab:

1. Die Tageszeit

Man ist nicht zu jeder Tageszeit gleich aufnahmefähig, kreativ oder auch aufnahmebereit. Das Sprichwort »Morgenstund hat Gold im Mund« scheint für die meisten Menschen nicht zu gelten. Man sollte bei einer Verhandlung dem Partner keine Zeit aufzwingen, sondern ihn selber wählen lassen. Dann wird er bestimmt eher geneigt sein, sich ins Gespräch verwickeln zu lassen. Eine vorgeschriebene Zeit bewirkt nicht selten ungewollte Contra-Haltung oder sogar Aggressionen.

2. Mein persönliches Engagement

Wäre dem nicht so, dann könnte ich meinem Partner meine Argumente schriftlich hinterlassen und mir die Zeit ersparen, mit ihm zu reden. Daß dies für die Überzeugung meines Partners wenig Erfolg hätte, wird man leicht einsehen können. Meine Begeisterung muß auf meinen Partner übergehen. Die antike Rhetorik nannte das: »Cor ad cor loquitur« (Vom Herzen zum Herzen reden).

3. Die Reaktionsfähigkeit meines Partners

Werden ihn meine Argumente interessieren? Wird er sie voll würdigen? Weiß er, was sie für ihn bedeuten? Das sind Fragen, die hier auftauchen. Die Lösung liegt wohl darin, daß ich meinen Partner als Mensch kennen oder jeden von Fall zu Fall testen muß. Dann erst kann ich entscheiden, welche Argumente ich bringen und wie ich begeistern kann. Nur so kann ich Aufmerksamkeit wecken. Man muß äußerst vorsichtig und sorgfältig immer wieder die feinsten Reaktionen des Zuhörers abtasten.

Ich erinnere mich, bei einem Vortrag einmal das Niveau viel zu hoch angesetzt zu haben (weil man mich ohne Schuld über die Vorbedingungen falsch informiert hatte). Ich merkte das an den ersten Reaktionen (Mimik und Augenkontakt) bei der Einleitung. Sofort habe ich das Niveau des Vortrags heruntergeschraubt und konnte so die Leute sehr gut ansprechen.

Den Partner sehr genau beobachten und sich schnell auf seine Reaktionen einstellen können, garantiert erfolgreiches Argumentieren.

Zustimmung zu meiner Beweisführung setzt auf jeden Fall intensiven Kontakt mit dem Verhandlungspartner voraus. Das heißt auch, die Reaktionen des Partners zu erfassen und zu deuten wissen, denn es ist unmöglich zu überzeugen, wenn man nicht sinngebende Reaktionen aufzunehmen versteht. Daraus ergibt sich die gleiche Konsequenz wie bei der freien Rede: die Argumentation darf nicht wie ein Monolog konzipiert sein, bei dem man sich überhaupt nicht um den anderen kümmert. Unser Partner wird nicht alles hinnehmen, was wir sagen. Argumentation ist wesentlich Dialog und Diskussion. Einer will reden – der andere will zuhören. Allerdings muß auch jeder Partner zu erkennen geben, daß er bereit ist, zu argumentieren und neue Zusammenhänge argumentativ aufzudecken. Diese Zustimmungsbereitschaft muß in konkreten Fällen gegeben sein:

1. zu bestimmten Grundsätzen
2. zur Anregung zu bestimmten Handlungen und
3. zu einem Einstellungswandel für eine zukünftige Entscheidung oder Handlung.

Argumentation ist also ein dynamischer Prozeß, der offen sein muß für jedes neue Argument, für jede Anregung und für spätere mögliche Vorgehensweisen. So kann man – allerdings mit einiger Vorsicht – auch behaupten, daß Argumente im Verlauf einer Diskussion erst entwickelt werden oder ihre Wertung erfahren, je nachdem, ob und wie der Partner die Information aufnimmt.

Wann ist ein Argument für meinen Partner erforderlich?

Aristoteles gibt uns eine einfache und wohl auch verblüffende Antwort. Für Aristoteles können nämlich bestimmte Fragen nicht zum Diskussionsgegenstand werden. Menschen, die die Frage stellen, ob man die Götter ehren oder die Eltern lieben soll, haben nur eine gründliche Klarstellung nötig. Solche, die fragen, ob Schnee weiß ist oder nicht, die sollen gefälligst hinsehen (Aristoteles, Topic I 105a, 5-8). Hier setzt Aristoteles den gesunden Menschenverstand voraus, doch es bleibt die Frage, ob ein in sich einsichtiges Argument für alle einsichtig ist. Alle Argumente müssen auf jeden Fall hörerbezogen sein, so wie ein Koch das Essen nicht nach seinem Geschmack, sondern nach dem Geschmack seiner Gäste zubereiten muß. Kein Zweifel, wie sehr man bisher die Rolle des Zuhörers vernachlässigt hat. Man hatte vorkonzipierte Argumente und wollte sie auf jeden Fall »loswerden«, ohne Rücksicht darauf, ob die Situation sie erforderte, oder ob sie vom jeweiligen Partner als Beweismittel angenommen werden konnten. Der Partner ist einer der bestimmendsten Faktoren, ob ein Argument gebracht wird und wie seine sprachliche Form lauten muß. Der Sprecher muß also durch den Zuhörer beim Argumentieren steuerbar bleiben. Sich auf den Zuhörer einstellen heißt nicht, sich dem Zuhörer unterwerfen. Soweit das möglich ist, sollte man sich von seinen Partnern ein detailliertes Bild machen.

Im Gegensatz zur Massenrede (hier ist die Argumentationsweise ganz allgemein, einfach und primitiv) ist bei einem Gespräch mit einem konkreten Partner nur ein spezielles und gezieltes Argument wirksam. Die Masse kommt zu schnelleren Entschlüssen als der Einzelne. Ein guter Redner, der besonders auf die Masse ausgerichtet ist, ist daher noch nicht gleich ein gut argumentierender Diskussionsteilnehmer. Weil es verschiedene Menschen gibt, besteht natürlich bei jeder Argumentation ein

Anpassungszwang (wie aus anderer Perspektive schon mehrfach erörtert). Weil dem so ist, muß man für eine Verhandlung rhetorisch gut geschult sein, um diese Schwierigkeiten kommunikativ meistern zu können. Um Höchstleistungen zu erzielen, hilft hier nur ein hartes Kommunikationstraining. Hinweise dazu finden Sie in Kapitel V.

Die Bedeutung des Partners läßt sich zum Beispiel an der Reihenfolge der Argumente zeigen. Angenommen ich habe ein schwaches, ein mittelstarkes und ein starkes Argument. Niemals könnte man mit dem schwachen Argument beginnen, denn dann würde unser Partner bereits skeptisch werden, weil wir ihm nicht mehr zu bieten hätten. Er würde mit Recht denken, unsere Argumentation hätte wackelige Beine. Vielmehr beginnt man mit dem mittelstarken Argument, damit unser Partner mindestens schon einmal hellhörig wird. Daß das stärkste Argument am Schluß kommen muß, bedarf wohl keiner Erläuterung. Das schwache Argument wird durch seine Mittelstellung sogar noch aufgewertet. Also:

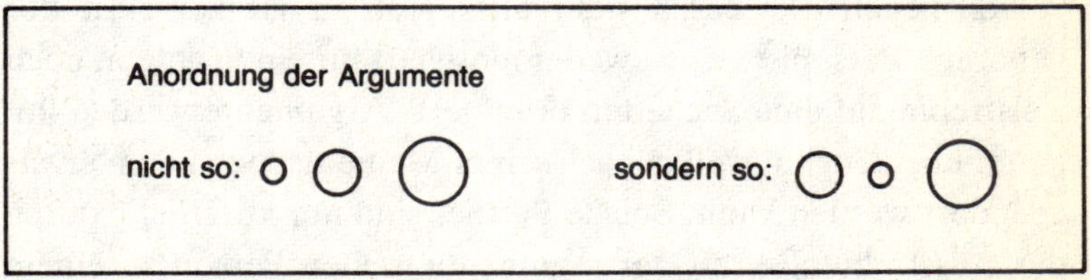

Beim Argumentieren geht es nicht um »Überreden«, sondern um »Überzeugen«. Überreden ist starke Einflußnahme auf die Subjektivität und das Gefühl, während Überzeugen auf die Vernunft mittels objektiver, allgemeingültiger Argumente einwirkt. Argumente suchen dann zu überzeugen, wenn sie sich an die Vernunft richten, d. h. an einen Partner, der entsprechend unserer Vorstellung vorwiegend rationalen Lösungen zustimmt.

Es lohnt sich, die einzelnen Menschentypen, mit denen wir es zu tun haben können, kurz zu umreißen. Natürlich erhebt diese Darstellung nicht den Anspruch auf Vollständigkeit. Das ist auch gar nicht möglich, da sich die Vielfalt der Menschen nicht in vollem Umfang darstellen läßt. Außerdem müssen wir vereinfachend stereotyp zusammenfassen, da die Individualität eines Menschen hier nicht detailliert erfaßt werden kann.

1. Der Positive

Hier haben wir es mit dem bewußt sachlich argumentierenden Typ zu tun. Er ist die Stütze einer jeden Diskussion, weil er logisch denken kann und auch bereit ist, seine Meinung zu ändern, wenn er durch gegenteilige Argumente überzeugt wird. Er ist beim Argumentieren unser unkompliziertester Partner, weil er sich nicht durch Vorurteile oder erhärtete Meinungen leiten läßt. Aber beim Zustimmen ist er wohl unser schwierigster Partner, weil er mit Argumenten zu kämpfen versteht und sich niemals überreden, sondern nur überzeugen läßt.

2. Der Negative

Der negative Mensch sieht alles grau in grau. Er ist der geborene Pessimist. Er ist weder motiviert für ein Problem, noch zielstrebig auf eine Sache hin orientiert. Argumente werden ihn kaum überzeugen, weil ja nach seiner Meinung doch kaum etwas geändert werden kann. Solche Partner sind nur kurzfristig durch die Ausstrahlungskraft der argumentierenden Person zu einem Tun oder zu neuen Erkenntnissen zu bewegen.

3. Der Humorvolle

Er ist meist ein sehr origineller Typ. Solche Menschen werden immer gerne gesehen und angenommen. Die Persönlichkeit ist meist sehr stark ausgeprägt. Diese Partner haben für Sie auf jeden Fall den Vorteil einer schnellen Kontaktbereitschaft. Doch täuschen Sie sich nicht, es gelingt dem Humorvollen eventuell,

Ihre Argumente durch seine Originalität oder durch Witz zu verflüchtigen. Lachen Sie mit, aber versuchen Sie dann immer wieder zur Sache zu kommen. Verkehrt ist es, einen solchen Partner zum Ernst zu ermahnen, dann stauen sich bei ihm Aggressionen, die Sie nur sehr schwer abbauen können.

4. Der Streitsüchtige

Er begegnet uns öfter, als wir denken. Der Streitsüchtige diskutiert gerne, aber sein Motto ist: »hauptsächlich contra«. Zu gerne behauptet er das Gegenteil von dem, was Sie sagen. Der Streitsüchtige will Sie auf jeden Fall provozieren. Er hat seine Freude daran, alles in Zweifel zu ziehen. Es macht ihm Spaß, immer das Gegenteil von dem zu sagen, was Sie sagen (zweifellos ist das auch oft gesellschaftspolitisch bedingt). Mit ihm ist ein fruchtbringender Austausch von Argumenten kaum möglich. Wenn in diesem Fall überhaupt ein Erfolg erzielt wird, dann nur, weil Sie als Person akzeptiert werden, die Ihrem Gegner etwas bedeutet.

5. Der Alleswisser

Solchen Leuten begegnen wir gar nicht so selten. Sie sind über alles bestens informiert. Alle Argumente, die für oder gegen eine Sache sprechen, kennen sie bereits. Wir haben es hier mit einem Angebertyp zu tun. Er könnte versuchen, Sie sogar bloßzustellen oder zu erkennen geben, wie sehr er doch mehr weiß als Sie. Sehr oft wird er Ihnen, statt Argumente zu bieten, seinen tollen Lebenslauf erzählen. Am besten tolerieren Sie sein »hervorragendes Wissen«. Sollten Sie Wissenslücken bei ihm entdecken, dürfen Sie das natürlich nicht sagen, da er Ihnen gegenüber sonst sehr unangenehm werden könnte. Im allgemeinen läßt sich mit solchen Menschen zufriedenstellend argumentieren, wenn man ihr »Wissen« anerkennt und ihren Lebensweg interessant findet. Lassen Sie diese Leute sich einmal selbstgefällig darstellen, und dann gehen Sie zur Sache über.

6. Der Redselige

Es gibt nicht wenige Menschen, die hören sich selbst gerne reden. Mit solchen Partnern müssen Sie rechnen. Solchen Gesprächspartnern fällt es allerdings meist schwer, Wesentliches und Unwesentliches zu unterscheiden. Es sind charmante Plauderer. Deshalb ist eine Unterhaltung mit ihnen sehr einfach, da sie kommunikative Lücken sehr leicht überspringen können. Das kann für eine Argumentation nützlich sein. Da es diesem Partnertyp schwerfällt, argumentative Höhepunkte zu setzen, werden Sie auch kaum Angriffsspitzen wahrnehmen. Versuchen Sie auf jeden Fall, daß Ihr Gegenüber auf Ihr Argument ganz konkret und zielgerecht antwortet und die Argumentstion nicht in einer Plauderei unterzugehen droht.

7. Der Schüchterne

Einem solchen Partner sollten Sie dankbar sein, denn er ist meist sehr gut vorbereitet und weiß auch sehr viel. Doch er ist gehemmt aus mancherlei Gründen, die wir schon darstellten. Wenn er Vertrauen zu Ihnen hat, wird sich seine Zunge lösen. Geben Sie ihm zu erkennen, daß Sie ihn schätzen, und daß Sie ihm interessiert zuhören. Verhängnisvoll wäre es für Sie, Schüchternheit mit Unwissenheit zu verwechseln. Bei diesem Partner können Sie mit sehr sicheren und umfassenden Argumenten rechnen.

8. Der Dickfellige

Er redet nur, wenn er muß. Unnötiges Gequassel ist ihm zuwider. Hier handelt es sich meist um sehr intelligente Menschen. Der einzig richtige Weg ist, den Dickfelligen zu provozieren. Aber täuschen Sie sich nicht, auf jeden Fall wird er Ihnen die Argumente sagen, die er für wichtig hält. Er wird sie Ihnen klar und direkt sagen und nicht mit blumigem Zierkram umgeben. Er ist ein gradliniger und fairer Partner. Allerdings liegt bei ihm die Gefahr nahe, bei Kommunikationslücken total zu schweigen.

Dann müssen Sie in der Kommunikation führen. Das ist beim Argumentieren Ihr Vorteil.

9. Der Erhabene

Das ist jener Partner, der Ihnen zu erkennen gibt, wie sehr er nur gezwungenermaßen Ihr Partner sein muß. Normalerweise hätte er viel wichtigere Dinge zu erledigen, aber er schenkt Ihnen seine Zeit, obwohl er glaubt, Sie seien seiner in keiner Weise würdig. Ihre Argumente kennt er natürlich, ohne daß Sie sie ihm sagen. Sollten Sie dennoch argumentieren wollen, empfindet er das schon fast als Beleidigung. Er ist eben über jede Sache erhaben. Informationen weist er als unnötig zurück. Mit einem solchen Partner läßt sich nur schwer argumentieren, weil er die gesamte Breite aller Argumente zu kennen glaubt, was natürlich unmöglich der Fall sein kann. Hier scheint mir eine zielstrebige Argumentation nicht möglich zu sein, weil:

a) der Verhandlungspartner in einem unberechtigten Stolz nicht ernst genommen wird und

b) hier der Raum für Neuinformationen nicht gegeben ist, denn man weiß ja scheinbar alles.

Die Lösung kann nur darin bestehen, auf eine wichtige Argumentation mit diesem Partner zu verzichten.

10. Der Dumme

Ein Sprichwort sagt: »Gegen die Dummen sind selbst die Götter machtlos.« Natürlich ist die Frage, was Dummheit ist, schwer zu beantworten. Sie haben schon gelesen, daß es in sich einsichtige Argumente gibt. Jeder müßte sie also akzeptieren, aber es geschieht doch oft genug nicht. Es ist verhängnisvoll für Sie, Ihren unterlegenen Partner bloßzustellen. Keiner möchte seine Dummheit bescheinigt bekommen. Die Lösung wird auch hier nur darin bestehen können, daß Sie durch die Ausstrahlungskraft Ihrer Persönlichkeit Ihren Partner dazu bewegen, Ihre Argumente einzusehen und auch als weiterführendes und für ihn brauchbares Argument anzunehmen.

11. Der Arrogante

Der arrogante Partner rückt in die Nähe des Dummen. Doch der Dumme ist insofern noch bescheiden, weil er seine Grenzen erkennt, was der Arrogante durch gespielte Kommunikationsfähigkeit zu überbrücken sucht. Hier liegt eine unwahrscheinliche »Hervorkehrung des eigenen Ichs« vor. Es geht weitgehend nicht um die Sache, sondern vielmehr um die Darstellung der eigenen Person. Unangenehm wird die Situation auch dadurch, daß die Person des Partners abgewertet und oft sogar als nicht kompetent abgelehnt wird. Es bleibt auch die Frage, ob der Arrogante richtig zuzuhören versteht oder sich in den eigenen Gedankenkreisen so verkrampft, daß das informativ Geäußerte falsch oder nur teilweise wahrgenommen wird. Auf keinen Fall darf man den arroganten Partner provokativ reizen, indem man ihn mit seinem oft fehlenden Wissen bloßstellt. Anerkennung seiner Person und seiner Leistungen führen uns eher zum Ziel. Auch der arrogante Partner wird so innerlich seine Grenzen zugeben müssen und dann sachliche Argumentationswege anstreben.

12. Der Aggressive

Der aggressive Typ will uns sehr oft persönlich überrumpeln ohne sachliche Argumente zu bieten. Er sucht scharfe Konfrontation – sei sie nun berechtigt oder nicht. Die Wurzel der meisten Aggressionen lassen sich in persönlicher Unzufriedenheit oder in beruflichem Mißerfolg finden. Falsch ist es, diese Aggressionen noch zu verstärken, indem wir unserem Partner Unfähigkeit bescheinigen. Mit einem aggressiven Menschen kann man nicht diskutieren. (Die Ursache vieler Demonstrationen in unserer Zeit sind vorwiegend Aggressionen statt sachlicher Argumente.) Sollte Ihr Partner das Bedürfnis haben, sich in einer Sache abreagieren zu wollen, dann geben Sie ihm dafür breiten Spielraum. Meist ist dann der Weg für sachliche Diskussionen frei.

Hier eignet sich auch sehr die Witztechnik. Versuchen Sie auf humorvolle Art mit Ihrem Partner umzugehen. Wenn man einmal herzhaft gelacht hat, ist meist der Weg frei, um sachlich vorzugehen.

Diese Aufzählung möglicher Typen von Verhandlungspartnern (selten so reinrassig in ihren Erscheinungsformen) ist sicherlich nicht vollständig, aber sie gibt doch einen Einblick, welche Menschen uns begegnen können und wie wir uns einstellen müssen, um sachlich argumentieren zu können:

Sicherlich – und das sei noch einmal betont – müssen wir immer versuchen, unseren Partner zu führen. Dabei sollte man auch nicht übersehen, wie sehr uns das Außerakustische beeinflussen kann. Unbequemes Sitzen stört beide Partner genau so, wie dauernd in das Licht eines großen Fensters schauen zu müssen. Das sind alles keine Bagatellen, sondern kann beide Partner belasten. Versuchen Sie immer, das Argument Ihrer Person in den Vordergrund zu rücken. *Überzeugend wirkt, wer glaubhaft wirkt, glaubhaft wirkt, wer sicher wirkt.*

Bringen Sie viele Beispiele. Ein Beispiel kann oft mehr aussagen als tausend Worte. Die Argumente dürfen nicht wahllos oder strikt in der vorbereiteten Reihenfolge kommen, sondern immer aufgrund der Kenntnis oder Analyse des Kommunikationspartners und aufgrund des richtigen Erfassens der Situation. Sie dürfen auch Ihren Partner weder unter- noch überfordern. Vielleicht hat Ihr Partner den ganzen Tag schwer arbeiten müssen und muß sich erschöpft auf eine schwierige Diskussion mit Ihnen einlassen. Bedenken Sie, daß die punktuelle Konzentration höchstens 4 bis 6 Minuten beträgt. Vielleicht haben Sie sich wochenlang gequält, um zu schlüssigen Argumenten zu kommen. Soll nun Ihr Partner das alles auf Anhieb verstehen und werten können? Denken Sie deshalb an die Diskrepanz zwischen Sprecher und Hörer. Was mir klar ist, braucht mein Partner noch lange nicht gleich zu verstehen. Das Begreifen läuft in einer

3-Stufen-Folge ab:

1. Ihr Partner muß Sie akustisch verstehen (es darf kein Hörfehler vorkommen).
2. Ihr Partner muß Sie geistig verstehen (die Gedankenfolge muß klar sein).
3. Ihr Partner muß das von Ihnen Gesagte begreifen. (Er muß es in einem Zusammenhang integrieren können und Stellung beziehen).

Es muß völlig ausgeschlossen sein, daß der Partner nicht zuhört oder etwas falsch versteht. Der Eindruck einer Argumentation kann von einem winzigen Detail abhängen. Ein unglücklicher Versprecher kann die positive Wirkung aufheben, deshalb sollte man sich bei jedem Argument sehr stark konzentrieren.

Diskutiert und argumentiert man in und mit einer Gruppe, dann sollte man eine große Palette von Argumenten bereit haben, damit man jedem etwas bieten kann.

Merke: *Gehen Sie zunächst auf die Meinung Ihres Partners ein. Dann versuchen Sie, seine Meinung durch ein gespanntes Gewebe von Gegenargumenten zu entkräften. Seien Sie hier ein guter Psychologe und Pädagoge, aber ohne es Ihren Partner merken zu lassen.*

Wenn es Ihnen schon gelingt, Ihren Partner wenigstens nachdenklich zu stimmen, ohne ihn überzeugen zu können, dann haben sie schon eine ganze Menge gewonnen. Geben Sie sich nie Illusionen hin, als könnten Sie alles erreichen. Es kommt weitgehend auf Ihr persönliches Engagement an. (Die Stimme macht die Stimmung.)

Ein Beispiel:

> Zwei Rechsanwälte haben die gleichen Argumente (wie es meist der Fall ist) und doch ist einer von ihnen der bessere und erfolgreichere Anwalt.
>
> Warum? Der bessere Anwalt kann eben dasselbe Argument besser verkaufen!

Erfolgreiche Frauen und Männer waren meist gute Rhetoriker. Gut reden können, ist eben die Quelle vieler neuer Möglichkeiten.

Hier seien noch ein paar Regeln angeführt, die Ihnen das Argumentieren erleichtern sollen:

1. Schmeicheln Sie Ihrem Gegner.

Sagen Sie ihm, wenn Sie sich über etwas freuen. Gegen Tadel und Kritik kann man sich wehren, gegen ein Lob aber nicht.

2. Provozieren Sie Ihren Partner gezielt.

Dann locken Sie ihn aus der Reserve. Das Gespräch hat keine unangenehmen Lücken. Die Argumente provozieren sich gegenseitig. So wird das für jede Argumentation notwendige Engagement erreicht.

3. Geben Sie sich nie geschlagen.

Deshalb tun Sie gut daran, nie alle Argumente zu sagen. Halten Sie noch einige Pfeile im Köcher bereit. Sollte die Argumentation zu Ihren Ungunsten tendieren, dann bringen Sie Ihre besten Argumente. Fangen Sie immer wieder an und kämpfen Sie.

4. Zeigen Sie Ihrem Partner, daß im Grunde auch seine Interessen auf dem Spiel stehen und daß Ihre Argumente ihm auch nützen können.

Argumente sind nie ganz einseitig. Auch das sollten Sie Ihrem Partner sagen.

5. Durch ständiges Wiederholen wird eine Behauptung glaubwürdiger.

Sagen Sie ein Argument nur einmal, nimmt man an, es sei nicht so wichtig. Wenn Sie es aber teilweise, variiert oder wörtlich wiederholen, verleihen Sie Ihrem Argument mehr Nachdruck.

6. Sprechen Sie immer die Gefühle Ihres Partners an.

Die meisten Partner sind gefühlsmäßig stärker ansprechbar als verstandesmäßig, weil das Gefühl eine tiefere Seelenschicht ist. Hier spreche ich meinen Partner auch in seinem Unterbewußtsein an, von dem starke Reaktionen ausgehen können (Angst,

Verzweifelung, Glück, Ausgeglichenheit).

7. Machen Sie sich die Schwächen des Partners zu nutze.

Etwa:

a) Konzentrationsschwäche
b) Mangel an Vorbereitung
c) Angst vor Ihnen
d) Sachliche Artikulationsschwierigkeiten
e) Reaktionsschwierigkeiten

8. Konzentrieren Sie sich stark auf den jeweiligen Verhandlungspunkt und verpassen Sie nicht den günstigsten Augenblick Ihres Vorteils.

9. Ihren Gegner müssen Sie sehr stark herausstellen, als drehe sich alles um ihn.

Dann wird er leichter zu Konzessionen bereit sein.

10. Vermeiden Sie persönliche Angriffe auf Ihren Partner, sonst besteht die Gefahr, daß die wichtigsten Argumente nicht gesehen und unnötige Aggressionen erzeugt werden.

Mit welchen Menschen habe ich es zu tun? Das war die Frage in diesem Abschnitt. Wir glauben, die wesentlichen Merkmale unseres Kommunikationspartners aufgezeigt zu haben. Hier bleibt nur noch zu sagen: Jeder muß seine eigenen Erfahrungen machen.

2. Ein wichtiges Prinzip: Informieren durch Schockieren

Probleme der Redundanz

Unter *Redundanz* (lat. redundantia) versteht man ganz allgemein die *Überfülle.* Das Problem sei in Kürze aufgezeigt. Wir gebrauchen »redundant« so:

Redundant ist etwas, was ich bereits kenne. Ein Lesebuch für die Grundschule ist für mich redundant, weil es mir nichts Neues sagt. Für den Grundschüler ist es nicht redundant, weil es für ihn

Lehrstoff beinhaltet, den er noch lernen muß. Mein Beruf ist für mich redundant, weil ich ihn kenne. Für einen Außenstehenden kann er etwas völlig Neues bedeuten (also nicht redundant sein). Was für mich redundant ist, beinhaltet keine oder kaum eine Information für mich. Ich kenne den Sachverhalt, ich weiß sogar noch mehr. Ich kenne Konsequenzen und Zusammenhänge.

Redundanz ist die geordnete, keine Überraschung bietende Art und Weise . . . Redundanz ist die Wahrscheinlichkeit, mit der bestimmte Elemente innerhalb eines Zusammenhangs auftreten. Je wahrscheinlicher dieses Auftreten ist, desto größer ist die Redundanz. Je redundanter ein Text, desto weniger Informationen bietet er. Wir können nichts Neues mehr dazu lernen, weil wir alles schon wissen. Eine Konsequenz aus dem Gesagten wollen wir bereits ziehen:

Je wahrscheinlicher der Zuhörer beim Gesprochenen etwas erwartet, desto geringer ist seine Aufmerksamkeit und sein Informationsbedürfnis. Der Zuhörer glaubt ja alles schon zu wissen. Daß der Zuhörer hier einem gewaltigen Irrtum unterliegt, wissen wir aus der Erfahrung des täglichen Lebens. Aber wir spüren auch, wie schwer es ist, einen Menschen zu informieren. Es gibt nur ein sicheres Mittel, nachhaltig zu informieren: *Wir müssen den Gesprächspartner schockieren!* Und davon soll in diesem Abschnitt die Rede sein.

Redundanz ist nur gut, wenn die Information lückenhaft ist, weil man dann aus dem Rest das Fehlende erschließen kann. Aber es besteht auch kein Zweifel, daß durch Redundanzüberwindung (= Informieren durch Schockieren) die Information erst informativ wird. *Alles, was wir sagen, darf für den Zuhörer nicht redundant sein, sondern muß neu für ihn formuliert werden.*

Wenn der Zuhörer etwas erwartet, was dann auch kommt, schaltet er meist ab mit dem Gedanken: »Ach ja, das kennst Du ja schon!«

Wir müssen unterscheiden zwischen

1. Informationsbestand und
2. Informationszuwachs.

Viele Partner verwechseln beides. Sie glauben, ihr Informationsbestand sei hinreichend, was nie der Fall sein wird. Da jede Wissenschaft einen ständigen Zuwachs von neuen Erkenntnissen erfährt und außerdem der Alltag neue Erfahrungen bringt, muß der Informationsbestand stets mit Informationszuwachs gekoppelt werden. Man lernt eben nie aus. Bei der Argumentation muß

1. der Informationsbestand des Partners in Frage gestellt werden. Man kann sowohl die Richtigkeit seines Wissens anzweifeln, als auch die Sicherheit seines Wissens erschüttern.
2. ein Informationszuwachs gegeben sein. Ein Argument muß für den Partner neu sein oder neuartig formuliert werden, wie wir später sehen werden. Es könnte sein, daß der Informationsbestand bei allen Gesprächen mehr oder weniger gegeben ist, aber durch schockierende Aussagen kann Informationszuwachs erreicht werden. Praktiziere ich das nicht, wird meine Information wahrscheinlich nicht inhaltlich vollständig wahrgenommen. Nur dadurch, daß ich für den Partner eine Information schockierend mache, werden Vorurteile, Dummheit, Gleichgültigkeit und Konzentrationsschwäche überwunden. Durch Schockwirkungen können Informationsschwächen beim Zuhörer am leichtesten vermindert werden.

Kommunikationswissenschaftler schätzen, daß täglich auf uns Menschen ca. 20 000 Informationen einstürmen. Diese Informationsflut kann natürlich kein Mensch gründlich verarbeiten. Sie kann sogar gefährlich sein, weil wir vor lauter Informationen die für uns entscheidensten Informationen nicht mehr herauszuhören vermögen. Wir wissen nicht mehr genau, worauf es ankommt. Wir sind gezwungen auszuwählen. Aber das fällt schwer, wenn der Sprecher nicht irgendwie hervorhebt, auf was es ihm ankommt. Wie können wir aus einem wissenschaftlichen Vortrag die für uns wichtigsten Informationen auf Anhieb herausfiltern, wenn wir nicht darauf hingewiesen werden? Bekannt ist ja die Tatsache, wie sehr Dozenten oft entmutigt sind, wenn sie nach Vortragsreihen feststellen müssen, daß ihre Zuhörer Unwesentliches mitgeschrieben haben und das Wesentliche überhört haben. Dazu kommt noch unsere Skepsis gegen die Informationsflut. Müssen wir nicht manchmal mit Recht annehmen, manipuliert und »verführt« zu werden (Politik, Reklame)? Das folgende Schema zeigt, daß wichtige Informationen aus den vielen anderen Informationen deutlich herausragen müssen. Das ist die Lösung: *Wir müssen die Information spannend machen!*

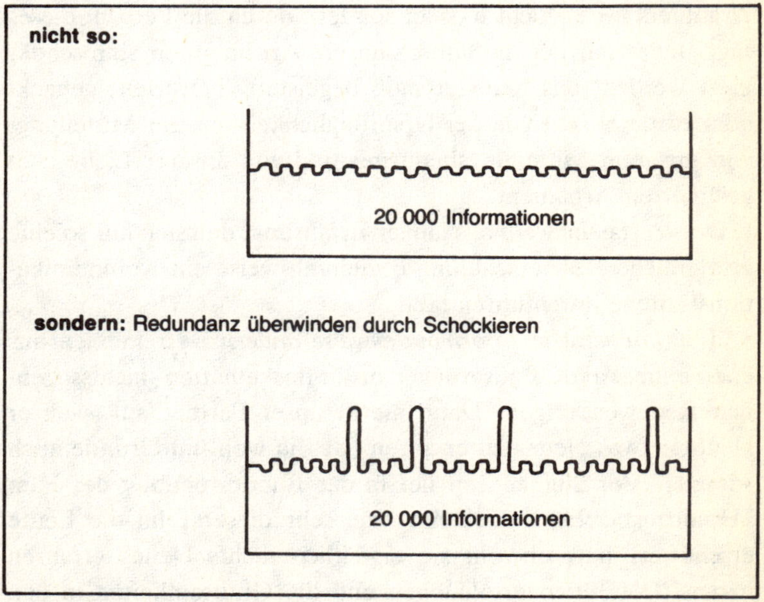

Die Information als Information wirkt kaum auf den Partner. Es wirkt hauptsächlich der Sprecher, der hinter der Information steht.

Wie erreicht man Spannung?

1. *Eine für den Zuhörer bekannte Information müssen wir neuartig formulieren.* Wir müssen uns so ausdrücken, daß der Partner meint, das Argument erstmals zu hören. Wir müssen unsere Argumente in Wortwahl und Satzbau variieren. Denken Sie daran, bei dem Partner scheinbar bekannten Informationen, hört er nicht mehr zu.

2. *Durch zielgerechtes Engagement müssen wir inhaltliche Höhepunkte setzen.* So fällt es dem Partner leicht, die Informationen herauszuhören, auf die es uns im Wesentlichen ankommt. Das Argument wirkt nicht in sich, sondern durch die Person, die es sagt. Jeder Partner muß durch unsere Art im guten Sinn schokkiert werden, das heißt er muß begeistert, betroffen, gepackt oder erstaunt sein von der Ursprünglichkeit unserer Mitteilung, von unserem Mitteilungsbedürfnis und von unserer Liebe zum geäußerten Argument.

Der Verfasser weiß aus langer Erfahrung, daß sich nur so eine erfolgreiche Rednerschulung beziehungsweise ein Kommunikationstraining durchführen läßt.

3. *Wir können die Informationsweise ändern.* Wir müssen uns eben einmal anders ausdrücken als in floskelhaften, nichtssagenden Redewendungen. Dann merkt unser Partner auf, weil er glaubt, etwas Neues zu erfahren (was ja wohl im Grunde auch stimmt). Vor einiger Zeit lief in der Bundesrepublik der Film »Holocaust«. Es ist bekannt, wie sehr dieser Film die Leute erschüttert hat, obwohl sie eigentlich nichts Neues erfahren haben. Die Judenverfolgungen und die Grausamkeiten in den Konzentrationslagern sind durch viele Presseartikel und durch Magazinsendungen des Fernsehens viel grausamer und auch wohl umfassender dargestellt worden. Das hat die Menschen

kaum erschüttert. Jetzt änderte man die Informationsweise, indem man das Schicksal der Juden im Film anhand von zwei Familien spielerisch darstellte. Durch diese schockierende neue Informationsweise wurde es den Leuten erst richtig bewußt, was für ein Schicksal die Juden durchmachen mußten.

Daraus ergibt sich einer der wichtigsten Grundsätze wirkungsvollen Informierens und Argumentierens:

Informieren durch Schockieren

Bedenken Sie, wir haben beim redenden Argumentieren große Konkurrenz durch das Fernsehen. Die Leute sagen – mit Recht natürlich – wir sind durch viele Fernsehsendungen mit Experten Höchstleistungen gewöhnt, im Reden, im Fragenstellen und auch im Argumentieren. Das Fernsehen arbeitet viel mit dem Prinzip »Informieren durch Schockieren«. Also müssen wir uns anpassen, wobei dieses Buch eine Hilfe sein soll.

Fallen wir einmal im guten Sinn »aus der Rolle«! Machen wir es eben nicht so, wie alle es machen! Haben wir den Mut, die gewohnte Routine zu durchbrechen! Bringen wir unsere Argumente einmal so, wie der andere sie nicht erwartet, dann erzielen wir bei ihm mit Sicherheit einen Informationszuwachs!

Stellen wir uns folgende typische Situation vor: Wir begegnen einem flüchtigen Bekannten auf der Straße. Das Begrüßungsgespräch besteht wie oft ausschließlich aus nichtssagenden Phrasen.

A.: »Guten Tag, Herr B.«

B.: »Guten Tag, Herr A.«

A.: »Wie geht's?« (1. Phrase)

B.: »Gut! Und selbst?« (2. Phrase)

A.: Alles in Ordnung!« (3. Phrase)

Das Gespräch gerät ins Stocken (= eine kommunikative Sackgasse). Nun kommt – wie so oft – das Wetter zu Hilfe.

B.: »Schlechtes Wetter heute!« (4. Phrase)
A.: »Kann man wohl sagen!« (5. Phrase)

Wenn einer der Gesprächspartner auch nur kurz aus der »vorprogrammierten Rolle fällt« (etwa: »Mir geht es sehr schlecht!«), dann bekommt der andere Partner »einen Schock«. Dann erst wird die Begrüßung wirklich persönlich und informativ.

Ohne geistige Schockwirkung kann das für einen selbst wirklich Informative von den 20 000 Informationen innerlich oft nicht integriert werden.

Wir müssen Redundanzen vermeiden – das Redundante müssen wir »nicht-redundant« machen. Unser Partner muß dann dauernd staunen. Mit dem Staunen beginnt Informationszuwachs. Ganz besonders ist aber unsere Suggestivkraft ein Mittel, erstaunlichen Einfluß auf den Gesprächspartner auszuüben. Wie wir wissen, ist die Suggestivkraft sehr wirkungsvoll in den bewußt gestalteten Sprechpausen. Haben Sie Mut zur Pause. Die Pause ist ein ganz besonders wirkungsvolles Ausdrucksmittel. Die Pause nach jedem wichtigen Argument ist eine zwingende Notwendigkeit, weil das Argument durch die Pause betont wird, nachwirkt oder sich erst festsetzt. Die Suggestivkraft bringt das Argument in der Sprechpause zum vollen Durchbruch und zur vollen Wirkungsentfaltung. Wenn man nach wichtigen Sätzen pausenlos weiterredet, schlägt man das Gesagte damit wieder kaputt. Lassen wir unserem Partner Zeit, die Argumente zu begreifen. Eine Satzüberlagerung führt schließlich dazu, daß nichts begriffen und schon gar nicht behalten wird. *Suggestiv-Pausen dürfen nicht durch Gerede ausgefüllt werden! Die Nachwirkung ist ungemein wichtig, wenn eine Schockwirkung durch das Gesagte erreicht werden soll.*

Falls unser Partner schweigt, kann das zwei Ursachen haben:
1. Er hat uns nicht verstanden. Das muß auf jeden Fall vermieden werden, denn erwarten Sie nicht, daß Ihr Partner eine

Rückfrage stellt. Das passiert selten.

2. Das Gegenteil von 1.: Er ist ergriffen, wir haben ihn gepackt. Dann haben wir gewonnen! Ihrem Partner muß einfach die »Luft wegbleiben«. Das ist viel leichter, als Sie denken. Versuchen Sie immer wieder das Herkömmliche neu und anders zu formulieren (z.B. statt »ich heiße« oder »mein Name ist« kann man auch sagen »in meinem Personalausweis steht«, »ich melde mich am Telefon mit«, »seit der ersten Mondlandung höre ich auf« oder »ich habe meinen Namen von«). Versuchen Sie in irgendeiner Weise (die verschiedenen Möglichkeiten wurden bereits dargelegt) ihren Partner in guter Hinsicht geistig zu schockieren und der Erfolg ist Ihnen sicher.

Es besteht kein Zweifel daran, daß bei den meisten Argumentationen die Argumente inhaltlich stimmen, aber in der Kommunikation von Mensch zu Mensch werden zu viele Fehler gemacht. Eine informative und eindrucksvolle Schockwirkung beim Zuhörer bleibt mit Sicherheit bei folgenden Ursachen aus:

1. bei zu langen Sätzen
2. bei zu vielen Fremdwörtern
3. beim gesprochenen Amtsdeutsch
4. bei Überinformation
5. beim fehlenden Augenkontakt
6. beim persönlichen Desinteresse
7. bei fehlendem Engagement
8. bei mangelnder Vorbereitung
9. bei Lieblosigkeit und Arroganz
10. wenn der Partner nicht ernst genommen wird.

Es ist möglich, jeden Menschen zum Staunen zu schockieren, wenn man keine kommunikativen Fehler macht. Manchmal kann man nur den Kopf schütteln, wenn man sieht, wie gleichgültig, sinnlos und ohne auf Wirkung bedacht zu sein, viele Menschen ihr Wissen und Können ohne Resonanz oder Gegengabe verschenken.

Führen Sie nie Pseudodialoge. Sie bringen doch nichts ein.

Die Spannung läßt sich bei einem Dialog *erhöhen und läßt den Partner staunend zuhören, wenn Sie*

1. ab und zu (natürlich situationsgemäß) *eine Frage stellen.* Aufgeworfene Fragen erhöhen nicht nur die Konzentration. Sie bekunden auch Interesse und führen das Gespräch weiter.

2. einen Vorgriff auf noch kommende, für den Zuhörer interessante Argumente wagen. Sagt man seinem Partner, daß man noch wichtigere Argumente bringen werde, wird Neugierde geweckt und die Spannung erhöht sich. Man sollte sein Pulver nicht gleich am Anfang total verschießen.

3. spannungsgeladen Ihre Argumente bringen. Man kann sich auch selbst für eine Sache begeistern. Begeistern Sie sich auch (ohne unehrlich zu schauspielern) für die Argumente Ihres Verhandlungspartners. Wenn Sie seine Argumente nicht ernst nehmen, bringen Sie Ihren Partner in Oppositionsstimmung. Er verhärtet sich in seiner eigenen Position. Ihre Argumente prallen ab. Man sollte niemals harmlose Konflikte provozieren.

Es geht hier nicht nur darum, den Partner schockierend zu begeistern, man kann auch selbst bei einer Diskussion hellauf begeistert, motiviert und schockiert sein. Durch immer wieder neue Darstellungsweise eines Problems erkenne ich den Tatbestand neu, ich sehe neue Gesichtspunkte, ich sehe das Problem umfassender. Das alles kann faszinierend sein. So gibt es eigentlich keine Routine in der Argumentationstechnik. Ich kann mich an neuen Sehweisen eines Problems begeistern. Diese neuen Blickwinkel schenken mir auch neue Argumente. Ein Tatbestand läßt sich nie ganz umfassend erkennen, das heißt weder Pronoch Contra-Argumente sind begrenzt.

Wir haben aber auch immer wieder neue Menschen vor uns. Daraus ergeben sich vielfältige Argumente. Ein neuer Partner regt in seiner Einmaligkeit auch die Ursprünglichkeit und eine Neusicht der Argumente an. Es läßt sich jede Routine überwinden, weil die Verschiedenartigkeit der Partner immer wieder neues Engagement fordert. So ist es möglich, jeden Partner – weil auch jede Situation neu ist – schockierend begeistern zu können.

Informieren durch Schockieren! Kein billiger manipulierender Kniff, sondern ein sehr wichtiges Kommunikationsgesetz!

3. Die Kunst und das Problem des Zuhörens

Zuhören ist mehr als nur »Hören«, denn das ist nur die erste Stufe – ein physikalischer Vorgang, bei dem ihre Ohren von Schallwellen getroffen und diese zum Gehirn geleitet und dort registriert werden. Es gibt noch drei weitere Stufen, die alle gleichermaßen wichtig sind:

1. Die *Deutung* des Gehörten, die zum Verständnis oder Mißverständnis führt.
2. Die *Bewertung,* bei der eine Information abgewogen und darüber entschieden wird, wie sie verwendet werden soll.
3. Die *Reaktion.* Sie erfolgt auf der Grundlage dessen, was Sie gehört und wie Sie es bewertet haben.

Alles das bildet den Komplex des »Zuhörens«.

Zuhören ist eine sehr wichtige Kommunikationsaktivität. Mindestens 45 % von unserer Gesamtkommunikation entfallen auf das Zuhören. Zuhören ist eine Kommunikationsfähigkeit, die am meisten gebraucht, aber am wenigsten gelehrt wird. Es ist eine schwierige und komplizierte Kunst und setzt Übung und Praxis voraus.

Die Chance, daß eine Nachricht »gehört«, zur Kenntnis genommen und verarbeitet wird, ist um so größer, je besser die folgenden beiden Bedingungen erfüllt sind:

1. wenn die Nachricht ein Thema betrifft, das den Empfänger stark beschäftigt und der Empfänger den Eindruck gewinnt, daß diese Nachricht ihm konkret weiterhilft.

2. wenn der Empfänger Gelegenheit hat, sich die Nachricht mittels eigener, aktiver Äußerungen (Widerspruch, Kommentar, Rückfrage usw.) anzueignen.

Diese Grunderkenntnis der Kommunikation ist im Hinblick auf ihre Richtigkeit jedermann einsichtig und geläufig. Problematisch ist jedoch, warum diese Grunderkenntnis im faktischen Kommunikationsverhalten so wenig berücksichtigt wird. Das Problem liegt meist darin, daß wir nicht ganzheitlich zuhören. Unser Zuhören ist meist nur punktuell auf die Information gerichtet. Folgendes Schema soll das verdeutlichen:

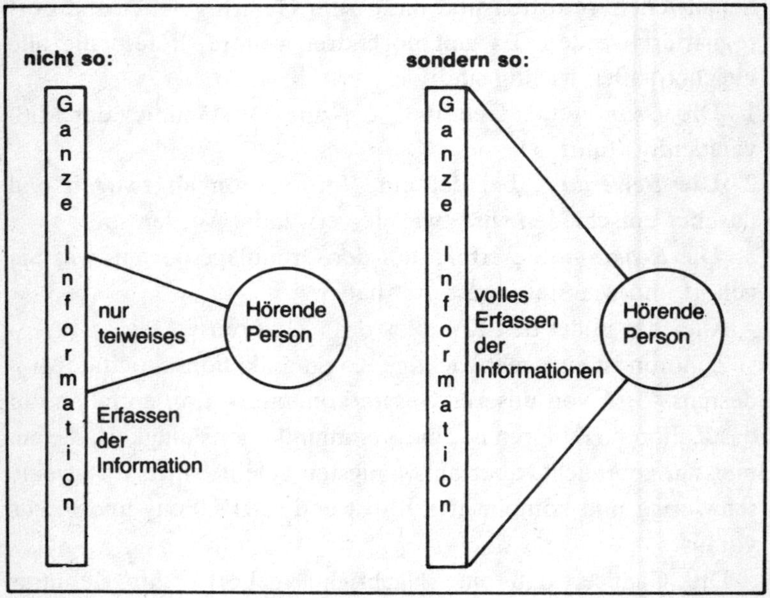

Gründe für partielles und damit unvollständiges Zuhören gibt es in Mengen. Die wichtigsten seien hier genannt:

1. Ablehnung der sprechenden Person
2. nicht ausreden lassen und ins Wort fallen

3. Die Gedanken sind schon beim nächsten Problem
4. Konzentrationsmangel
5. Das Argument ist für den Partner redundant, besagt ihm also nichts Neues
6. Fehlendes Engagement beim Sprecher – fehlender Augenkontakt
7. Undisponiertsein beim Hörer (z.B. Müdigkeit oder Krankheit)
8. Unfähigkeit, sich auf Wesentliches zu konzentrieren
9. Besserwisserei. Man glaubt, alles schon zu kennen.
10. fehlendes Hörtraining, umfassend zuhören zu können.

Diese Liste läßt sich sicherlich noch ergänzen. Aber sie genügt, um zu erkennen, wo die Zuhör-Unfähigkeit oft zu suchen ist.

Rupert Lay schreibt Treffendes und Wichtiges über das richtige Zuhören:

1. »Wir müssen lernen, *geduldig* zuzuhören . . .

Wer nicht geduldig zuhören kann, kann überhaupt nicht zuhören. Für einen recht ungeduldigen oder auch im Zuhören resignierenden Menschen sind die Worte des anderen vielmehr ein Warten aufs eigene Wort, ein Planen der eigenen Darstellung, das nur durch die Worte des anderen ausgelöst, modifiziert oder bestensfalls erweitert wird. Daß ein solches Verfahren kaum sonderlich kommunikativ ist, wird jedermann einsehen.«

2. Wir müssen lernen, *genau* zuzuhören.

»Man versucht herauszufinden, was der andere gemeint hat. Es kommt darauf an, die richtigen emotionalen Wertungen des Sprechenden wahrzunehmen. Die Fähigkeit herauszufinden, wo der gemeinte Schwerpunkt des Satzes liegt.«

3. Wir müssen lernen, *analysierend* zuzuhören.

»Gemeint ist, daß der Zuhörer schnell und sicher die sachlichen und logischen Voraussetzungen, Implikationen und Konsequenzen des Gesagten erkennt und mitdenkt. Er soll in der Lage sein, während des Hörens nicht assoziativ, sondern analytisch zu denken.« Die wichtigsten Voraussetzungen und Konsequenzen müssen gleichsam mitgehört werden.

In der folgenden Übersicht soll das gute und das schlechte Zuhören gegenübergestellt werden:

Der gute Zuhörer	Der schlechte Zuhörer
1. Er überlegt: »Was steckt für mich Lohnendes in der Aussage?« Er findet das Interessante heraus.	1. Er schaltet bei trockenen, ihn nicht interessierenden Themen ab.
2. Er urteilt erst dann, wenn er alles aufgenommen hat – bleibt vorerst zurückhaltend.	2. Er will alles gleich in Zweifel ziehen und diskutieren und kann nicht abwarten.
3. Er achtet auf das zentrale Thema. Er entdeckt immer wieder neue Anregungen.	3. Er achtet nur auf Details und nicht auf die Sachzusammenhänge.
4. Er gibt sich große Mühe beim Zuhören und konzentriert sich auf das Wesentliche.	4. Er zeigt keinen Einsatz und täuscht Aufmerksamkeit vor.
5. Er läßt sich nicht ablenken. Er durchschaut Ablenkungsmanöver seines Partners.	5. Er wird leicht abgelenkt. Er ist willensschwach und zeigt starke Konzentrationsmängel.
6. Er nützt schwierige Themen als geistiges Training. Er will jede Gelegenheit nutzen, seinen Verstand zu trainieren.	6. Er scheut schwierige Darstellungen und bevorzugt anspruchlose Themen.
7. Er ordnet Kommunikationsschwächen seines Partners richtig ein und regt sich nicht darüber auf. Er ist tolerant.	7. Er ist stark emotional geprägt, regt sich sehr schnell auf und kann Bagatellen und Probleme nur schwer unterscheiden.

8. Er hat Mut zur Frage, wenn er etwas nicht verstanden hat. Er heuchelt kein Verstehen, wenn ihm etwas unklar ist.	8. Er täuscht Höflichkeit vor. Um sich nicht bloßzustellen, versteht scheinbar alles. Bei ihm besteht kaum eine Möglichkeit, sachlich zu diskutieren.

(R. Lay)

Wie schlecht wir manchmal zuhören können, kann man leicht testen. Fragen Sie sich nach einer Nachrichtensendung einmal, welche Informationen Sie gehört haben. Sehr wahrscheinlich werden Sie nicht mehr viele Inhalte aufzählen können. Oder versuchen Sie, das Wesentliche eines Vortrags, den Sie zwei Tage vorher gehört haben, wiederzugeben. Auch hier werden Sie Ihre Schwierigkeiten haben.

Die Kommunikationswissenschaft kann mit folgenden Zahlen aufwarten (natürlich handelt es sich hier um Annäherungswerte): Ein Mensch behält von dem :

a) was er liest:	ca. 20 %
b) was er hört:	ca. 30 %
c) was er hört und sieht:	ca. 40 %
d) was er diskutiert:	ca. 70 %
e) was er durch eigenes Suchen entdeckt:	ca. 80 %

Daraus müssen wir Konsequenzen ziehen:

Wie angegeben behalten wir relativ wenig von dem, was wir hören. Daraus ergibt sich, daß man auf jeden Fall Argumente und Vorteile für den Partner neben dem Gesagten ihm auch noch schriftlich in die Hand geben sollte. Andererseits behält man relativ viel von den Inhalten, die man diskutiert oder selber findet. Daraus ergibt sich, daß wir unseren Partner immer in den Kommunikationsprozeß mit hineinbeziehen sollen (etwa durch Fragen) und ihn gute Gedanken selber finden lassen müssen.

Wir hatten schon davon gesprochen, wie schwer es ist, gegen

bestehende Meinungen anzukämpfen. Hier soll nur noch einmal betont werden, wie sehr festgefahrene Meinungen richtiges, umfassendes und begreifendes Zuhören erschweren.

Man sollte seinem Partner immer zu erkennen geben, wie sehr man ihm zuhört,

1. dann fühlt er sich verstanden und spricht weiter. Es entstehen keine Kommunikationslücken.

Das Zuhören motiviert ihn, sich genauer und freier auszudrücken.

Immer dann, wenn wir unserem Partner ins Wort fallen, hören wir ihm nicht richtig zu. Eine Information muß ganz ausgesprochen werden, um richtig gehört und ganz verstanden werden zu können.

In einem sogenannten *Speech-Diagramm* kann graphisch dargestellt werden, ob ein Gespräch richtig oder falsch verläuft. Ein unbeteiligter Zuhörer zeichnet die Reihenfolge der Gesprächsanteile auf. Man kann dem Speech-Diagramm die Anzahl der Diskussionsanteile entnehmen, aber nicht die jeweilige zeitliche Dauer und die kommunikative (nicht nur inhaltliche!) Qualität. Zunächst soll in *Speech-Diagramm I* ein *schlechter Gesprächsverlauf* gezeigt werden. Dieses Gespräch ist also – wie die graphische Darstellung ausweist – nicht ausgeglichen. Wer das Gespräch beginnt ist gleich. Allerdings müssen anfangs alle 3 Partner einmal gesprochen haben, um ihre Gesprächsposition kundzutun. Wie Sie sehen, ist das bei diesem Diagramm nicht der Fall. Von Partner A geht das Gespräch zu Partner C und dann zurück zu Partner A, obwohl Partner B hätte vorerst zu Wort kommen müssen. Dann folgt ein langer Dialog (nicht Trialog, wie es hätte sein müssen) zwischen Partner A und Partner B. Der Partner C wird übergangen, treffender gesagt: »glatt überfahren«. Sie werden vielleicht einwenden, daß er aus sich heraus eine Beteiligung hätte anstreben müssen. Eben nicht unbedingt! Die Partner A und C hätten Partner B in das

Gespräch mit hineinnehmen müssen! Sie sehen also, wie schwer es ist, ein rein formal ausgeglichenes Gespräch zu führen. Das bedeutet für jeden Partner eine große moralische Qualifikation. Alle Gesprächspartner müssen sich selbst und gegenseitig steuern, damit jeder Partner zu gleichen Gesprächsanteilen kommt. Einen *vorbildlichen Gesprächsverlauf* zeigt *Speech-Diagramm II.* Wie Sie sehen, ist dieses Gespräch ausgeglichen. Allen 3 Partnern war es möglich, sich aufeinander einzustellen. Nur dann kann ein Gespräch erfolgreich sein, wenn man jeden Partner ernst nimmt, ihm die Möglichkeit gibt, kommunikativ zu werden und seine Aussagen auch wertet.

Richtiges Zuhörenkönnen hat auch eine heilende Wirkung. Es wurde schon aufgezeigt, was für Menschen unsere Partner sein können. Viele persönliche und kommunikative Fehler werden durch richtiges Zuhören überwunden. Ich isoliere keinen Partner, gebe jedem Selbstvertrauen, mindere Aggressionen und schenke ihm Kommunikationsfreude.

Richtiges Zuhörenkönnen ist kein Luxus, auf den wir verzichten könnten. Erfolg oder Mißerfolg bei Verhandlungen hängen davon ab.

Speech-Diagramm I
Gesprächspartner A, B und C

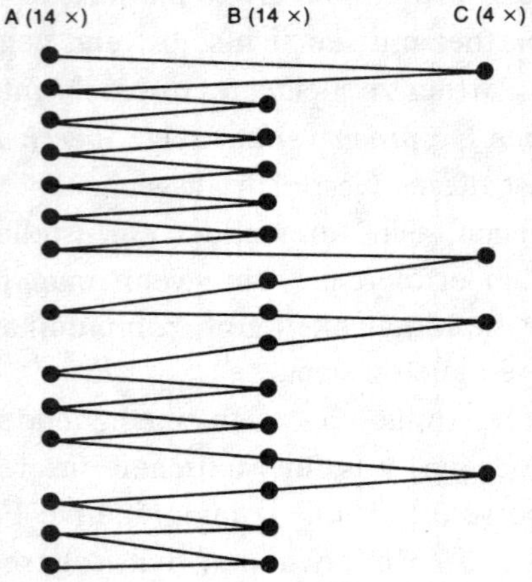

Speech-Diagramm II
Gesprächspartner A, B und C

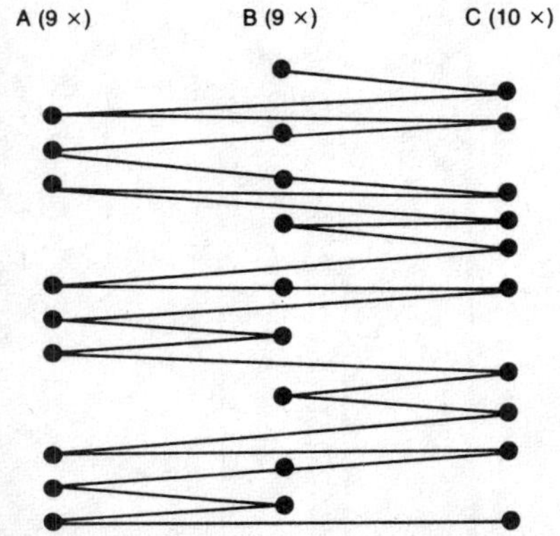

4. Die Motivation

Es ist wohl zu viel verlangt, in diesem Kapitel eine abgerundete Motivationslehre zu finden. Das entspricht auch nicht der Zielsetzung dieses Buches. Motivation beschränkt sich hier auf die Partner, die wirkungsvoll argumentieren wollen und auch nur mit der Einschränkung auf das Argument, das gesagt werden soll.

Wer argumentieren will, muß dazu motiviert sein!

Motivation ist etwas Persönliches. Sie vollzieht sich im Menschen selbst. Im weitesten Sinne verstehen wir darunter

a) eine Absicht zu haben und

b) ein Ziel zu kennen.

Man kann nur dann sinnvoll und vor allen Dingen zielgerecht argumentieren, wenn man dazu motiviert ist. Die Motivation ist die Brücke zwischen Theorie und Praxis, sie ist gleichsam die Kraft, Theorie in Praxis übergehen zu lassen. Ohne Motivation bleibt alles Gesagte farblos und rückt bedenklich in die Nähe von routinierten, nichtssagenden Phrasen. Der Mensch kann als Einzelner, wie auch in der Gruppe motiviert werden. Das hat seine Bedeutung, weil man sowohl als Einzelner, wie auch in der Gruppe argumentiert. Durch die Motivation ergibt sich erst die Wichtigkeit der Argumentation für den Argumentierenden. Wenn man nicht um die eigene Position weiß, hat man sicherlich eine schlechte Ausgangsbasis für die Argumentation. Motivation ist auch Selbsterfüllung und Selbstdarstellung der eigenen Person. Wir kennen nicht alle Motive, durch die ein Mensch motiviert wird – meist handelt es sich um Funktionen des Unterbewußten.

Bei jeder Motivation gibt es zwei wesentliche Beweggründe:

1. Das Ziel, das ich mir gesetzt habe.

2. Die hoffnungsvolle Erwartung, Teilziele und das Hauptziel erreichen zu können.

Dabei ist unbedingt erforderlich, daß ich meine konkreten

Ziele immer vor Augen haben muß. Sicherlich sind gute Kenntnisse von Bedeutung für die Motivation, denn Unsicherheit erzeugt immer Demotivation. Eine Handlung ist dann motiviert, wenn sie dem Ort des handelnden Menschen in Welt, Gesellschaft und Geschichte objektiv gerecht wird. Orientierungslosigkeit ist schlechthin auf Demotivation zurückzuführen. Wenn ein Mensch nicht oder wenig motiviert ist, dann folgen sehr leicht:

1. soziale und persönliche Konflikte,
2. Fehlorientierungen und Fehlinterpretationen und
3. die Unfähigkeit, sich selbst und sein Ich in der Verwirklichung in der Gesellschaft zu verstehen.

Bei jeder Argumentation ist Motivation doppelt wichtig:

1. Ich muß mich selbst motivieren.
2. Ich muß meinen Partner motivieren.

Im Prinzip wird der Mensch durch 3 Dinge motiviert:

1. durch Geld,
2. durch Anerkennung und
3. durch Delegation.

Ohne materiellen Anreiz wird es uns sehr schwer fallen, uns für eine Sache voll einzusetzen, wenn uns nicht ideologische Gründe dazu bewegen.

Die persönliche Anerkennung ist der wesentlichste Faktor der Motivation. Leistung und Erfolg will der Mensch honoriert wissen. Das muß hier deutlich hervorgehoben werden. Die Motivation für die Argumentation gehört diesem Bereich an. Fehlt eine persönliche Anerkennung, dann fehlt auch die überzeugende Wirkkraft eines Arguments, das heißt das Gesagte hat kaum Wert, weil Argumente nur vom personalen Engagement getragen werden.

Durch Delegation schließlich übertrage ich Machtbefugnisse auf andere Personen, die dann als Gegenwert für dieses Vertrauen motiviertes Engagement für die delegierte Sache aufbringen.

Grundsätzlich reißt Motivation Schranken nieder und zwingt zum Handeln. Dabei ist wichtig, daß man zunächst immer Teilziele anstrebt, Ziele, die man sicher und leicht erreichen kann. Das Endziel motiviert nur indirekt. Wüßte jeder, welche Schwierigkeiten er zu überwinden hätte, um sein Berufsziel zu erlangen und dann weiterhin bei der Ausübung des Berufs, hätte fast keiner Mut anzufangen. Die erkannten und auch tatsächlichen Schwierigkeiten werden durch Motivation gemeistert.

Motivation zum Teilziel beflügelt, läßt Schwierigkeiten leichter überwinden und zeigt immer wieder das Endziel, das erreicht werden soll.

Es darf auch nicht übersehen werden, wie sehr Motivation für die eine Sache auch Motivation für eine andere Sache auslöst. Jede Teilmotivation ist an eine persönliche Grundmotivation gebunden. Etwa eine *Gesamtmotivation im*

1. religiösen,

2. familiären und

3. gesellschaftspolitischen Bereich

motiviert mich schlechthin für manche Argumentation und zieht ganze Motivationsketten nach sich. So ist auch jede Persönlichkeitsbildung Voraussetzung für die individuelle Gesamtmotivation.

Wichtig ist auch, daß ich für jede Argumentation Rückendekkung habe. Ich muß sicher sein, daß mich gegebenenfalls auch andere Menschen unterstützen. Gleichgesinnte Partner motivieren und nehmen die Angst des Wagens.

Dazu kommen meine kommunikativen Kenntnisse und Fähigkeiten, die mir Flexibilität gegenüber dem Partner garantieren und mich stark motivieren können.

Von der Sache her begeistert sein motiviert mich, allen Schwierigkeiten zu begegnen, Lust an der Diskussion zu verspüren und erfinderisch im überzeugenden Argumentieren zu sein.

Aber Argumentation ist nur dann geistreich, spritzig und

situationsgerecht, wenn mein Partner ebenfalls motiviert ist. Ist er nicht motiviert, dann versucht er oft ein Routinegespräch zu führen, in dem ich, wegen der Banalität, keine Angriffspunkte erkennen kann. Motivieren kann nur der, der selbst begeistert ist, und der von seiner Sache überzeugt ist. Hier zeigt sich wieder die unendliche Bedeutung einer gründlichen Vorbereitung. Der Blender oder der arrogante Typ vermögen nicht zu motivieren, im Gegenteil, sie werden die Gesamtatmosphäre verpesten. Den Partner motivieren heißt, ein Sympathiefeld um sich aufbauen. Der Partner gelangt idealerweise durch mich zu seiner Selbstverwirklichung. Im Kommunikationsprozeß reift sein »Du« an meinem »Ich«. Ich gebe ihm kommunikative Impulse, so daß er zu einer Motivationslust angestachelt wird und sein Wissen in Form seiner Argumente frei entfalten kann. Mein »Ich« wirkt erst durch die personale Beziehung zum »Du« und umgekehrt genau so.

Merke: *Zu einer wirklich überzeugenden Argumentationsweise braucht man nicht nur sein eigenes motiviertes »Ich«, sondern gleichermaßen ein motiviertes oder motivationsfähiges »Du«.*

Man darf das Motivationsstreben des Partners nicht enttäuschen, denn aus Enttäuschung resultieren Angst, Aggressivität und Niedergeschlagenheit. Versuchen Sie stets:

1. das Selbstwertgefühl Ihres Partners zu mehren, z.B. durch ein aufrichtiges Lob und
2. Ihrem Partner durch Motivation zu seiner Selbstverwirklichung zu verhelfen, indem Sie ihm zuhören und seine Argumentation würdigen. Zuhören motiviert!

Motivation steckt an! Man kann selbst viel dazu beitragen Lustlosigkeit, Skepsis, Enttäuschungen und Aggressionen zu vermeiden. Das ist für die Gesamtargumentation immer wertvoll.

5. Einleitung und Schluß einer Gesamtargumentation als wirkungsvollster Beweggrund

Ich kann mir sehr wohl vorstellen, daß der Leser dieses Buches die Überschrift dieses Abschnittes mit einigem Erstaunen liest. Lassen Sie mich eine Antwort auf Ihre Überraschung mit einem Zitat Churchills geben. »Wenn bei einer Rede der Anfang und der Schluß stimmen, kann der Mittelteil der Rede völliger Unsinn sein, es war dennoch eine gute Rede.« Das ist sicherlich übertrieben – aber es stimmt, der Anfang und der Schluß einer Kommunikationshandlung bedeuten alles!!

Beginn einer Argumentation bedeutet Einführung, Gewinnung und Einfädeln von Kommunikationsbeziehungen.

Schluß einer Argumentation bedeutet Höhepunkt, Schlußakkord und zusammenfassende Wirkung aller Argumente.

Das alles sind recht entscheidende Momente bei jeder zielgerichteten Argumentation.

Merke: *Der erste Eindruck beider Partner ist mitentscheidend für den Verlauf jeder Argumentation.*

Folgende Skizze soll das verdeutlichen:

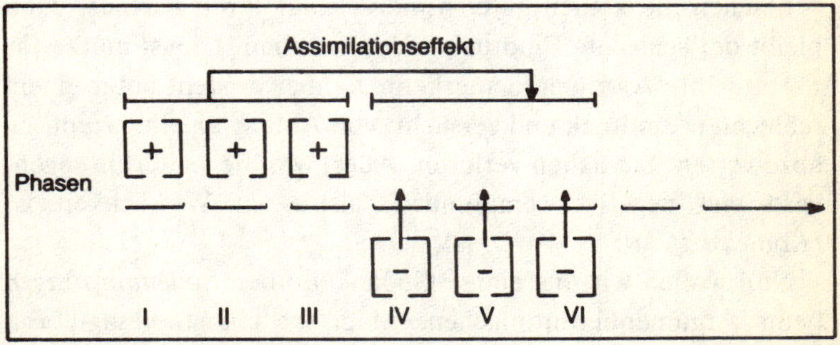

Wenn der Partner einen guten Eindruck von Ihnen hat, ist er leicht geneigt, Ihnen zuzustimmen. Er wird Ihnen weiter zustimmen, wenn Sie den guten Eindruck nicht verwischen.

Und so wird es weitergehen, weil Sie aufgrund Ihres sympathischen Eindrucks kein »contra« provozieren. Sie haben schon gewonnen. Alles, was Sie weiterhin sagen, wird viel positiver empfunden als es in Wirklichkeit ist, selbst, wenn Ihr Gesprächspartner manchmal objektiv anderer Meinung sein müßte *(Assimilationseffekt)*. Ihre Person setzt den Stellenwert des Arguments.

Leider gilt aber auch das Umgekehrte:

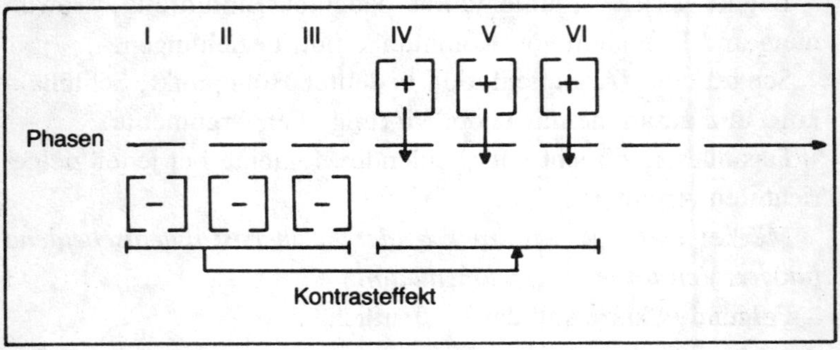

Machen Sie keinen guten Eindruck auf Ihren Partner, dann bleibt der schlechte Eindruck leider bestehen. Längst müßte Ihr Partner Ihre Argumente anerkennen, aber er steht unter einem schlechten Eindruck und versucht, von Anfang an alles skeptisch abzuwerten. Sie haben verloren. Alles, was Sie weiterhin sagen, wird viel negativer empfunden, als es in Wirklichkeit ist *(Kontrasteffekt)*.

Nun wollen wir uns einige Gedanken über *Einleitungsfragen* beim Argumentieren machen. Man hat einmal gesagt: Ein Gespräch beginnt lange vor dem Gespräch. Was soll damit gesagt sein? Bevor man beginnt, sammelt jeder Gesprächspartner schon Eindrücke positiver oder negativer Art, die auf jeden Fall das kommende Verhandlungsklima beeinflussen. Es kommt also sehr darauf an, gleich zu Beginn eine Vertrauensbasis zu schaffen, auf der eine erfolgreiche Argumentation aufbauen kann. Zeigen Sie anfangs direkt, wie sehr Sie Verständnis für Ihren Partner haben. Ihr Partner muß immer das Gefühl haben: »Hier werden *meine eigenen* Angelegenheiten zur Sprache kommen und hier wird auch über *meine* Vorteile diskutiert und verhandelt. Es geht um *mich!«* Das muß Ihr Partner immer vor Augen haben. Deshalb zeigen Sie auch gleich Interesse an den Argumenten Ihres Gegners. Damit schaffen Sie direkt eine positive Gesprächsatmosphäre.

Die Einleitung muß kommunikativ zwei Schwierigkeiten überwinden:

Sie muß:

1. in den Stoff einleiten, also bereits das sagen, was zur Diskussion steht.

2. die Verbindung zu Ihrem Gesprächspartner knüpfen.

Gelingt Ihnen das nicht, dann wird die folgende Diskussion und Argumentation kaum Ergebnisse bringen, vielleicht sogar als unbefriedigend abgebrochen werden müssen.

In der Einleitungsphase werden noch keine Themen behandelt und keine Argumente ausgetauscht. Es geht eben erst schlicht darum, einander näher zu kommen. Deshalb wäre es auch verfehlt, sich in dieser Einleitungsphase inhaltlich in irgendeiner Weise festzulegen, d.h. die eigene Meinung in Diskussion und Argumentation gleich schon kundzutun. Von großem Nutzen ist es, selbst die unscheinbarsten Reaktionen des Gegners wahrzunehmen, um zu entdecken, mit welchem Diskussionstyp Sie es zu tun haben. Gerade in der Einleitungsphase sollte man »ruhig Blut bewahren«, aber nicht vergessen, sich voll zu engagieren. Man sollte aber zurückhaltend sein und nicht gleich durch Mimik und Gestik dem Partner zu erkennen geben, welche Position man einnimmt. (Es ist nicht gerade positiv für den Redner zu werten, wenn er vor der Rede irgendwie zu erkennen gibt, daß ihm das Reden unangenehm ist.)

Versuchen Sie gleich in der Einleitung anhand von durchdachten Fragen und bewußtem Engagement die Führung zu übernehmen. Versuchen Sie auch immer die Gesprächsinitiative zu behalten.

Wie gesagt, der erste Eindruck ist sehr entscheidend.

Deshalb dürfen Sie folgende Fehler bei der Einleitung nicht machen:

1. Langatmigkeit. Das ermüdet Ihren Partner und demotiviert ihn.
2. Kumpelhaftes Anbiedern. Das stößt Ihren Partner ab und er meint – sogar mit Recht – jetzt bewußt manipuliert zu werden. Wenn Sie ein Kompliment machen wollen, drücken Sie es negativ aus. Etwa: »Mit Ihnen verhandele ich nicht gerne, denn Sie sind als guter Verhandlungspartner bekannt. (Das Kompliment wirkt in seiner negativen Form sehr stark.)
3. Angeberei oder unsachliche Witze. Das wird Ihr Partner kaum schätzen, weil er darin Manipulation vermutet. Sie können nicht situationsgeforderte Aussagen und Antworten durch nichtssagende Kommunikation ersetzen.

Ihre Einleitung muß auf jeden Fall variabel sein. (Allein deshalb muß man schon mehrere Einleitungen vorbereiten.)

Folgende Faktoren muß man demnach bei der Einleitung berücksichtigen:

1. Die Aufmerksamkeit des Partners.
2. Störungen (Telefon, anwesende Personen).
3. Tageszeit, Uhrzeit, Situation.
4. Schwierigkeitsgrad des zu behandelnden Stoffes.
5. Personalität des Partners.

Nützlich ist auch, vor jeder Argumentation eine gemeinsame Basis zu suchen, indem man vielleicht über das gleiche Hobby oder die gleichen Urlaubsinteressen spricht. Das hilft, die gegenseitigen Beziehungen leichter zu knüpfen und schneller und zielsicherer die Probleme ansprechen zu können.

Folgende Einleitungskriterien kann man empfehlen:

1. Die Aufhängertechnik:

Wie das Wort schon sagt, ist irgendeine Tatsache oder ein Umstand der Aufhänger, in den zu behandelnden Stoff einzusteigen. Das kann sehr wirkungsvoll sein, wenn der Aufhänger situationsgerecht stimmt. Auf keinen Fall darf ein Aufhänger weit hergeholt sein und auch nicht ohne innere Beziehung zur nachfolgenden Diskussion.

2. Die Humortechnik:

Humor schafft immer eine gemeinsame Basis. Wenn beide Diskussionpartner schon zu Beginn gelacht haben, schmilzt das Eis und der Einstieg gelingt leichter. Allerdings ist diese Technik nur dem wirkungsvoll gegeben, der mit Humor umzugehen weiß. Sonst liegt die Gefahr auf der Hand, gleich zu Beginn gekünstelt, geschraubt, konstruiert, steif und scheinbar witzig etwas zu sagen, wobei der Partner krampfhaft versucht, die Pointe zu entdecken.

3. Die Problemtechnik:

Man konfrontiert den Partner sofort mit dem Problem. Man schockiert ihn gleich mit einem durchschlagenden Argument (Informieren durch Schockieren). Diese Technik hat große Vorteile. Umständliche Einleitungen kann man sich ersparen. Die Problematik ist sofort sichtbar und erfordert deshalb direkt größtes Engagement. Daraus folgen Konzentration, Spannung, Mitdenken und berechtigte Neugier. Wenn Sie diesen Einleitungstyp praktizieren, dann werden Sie schon zu Beginn der Argumentation den nötigen Respekt Ihres Partners gewinnen.

Einleitung ist auch Einstimmung. So wie es einen Blickfang gibt, so gibt es auch einen Hörfang (Maximilian Weller). Die Einleitung ist die Brücke zum Partner und deshalb so wichtig. Ist die Einleitung schlecht oder gar falsch, dann ist der Erfolg einer

Argumentation in weite Ferne gerückt. Goethe hat das einmal in einem treffenden Bild ausgedrückt: »Vertut man sich beim Zuknöpfen eines Talars bei den ersten Knöpfen, dann kommt man mit dem Zuknöpfen nicht mehr zurecht.«

Reflektieren Sie niemals in der Einleitungsphase, ob alles gut werden wird, denn das stört die erste Kontaktaufnahme gewaltig. Vermeiden Sie alle Steifheit und Unehrlichkeit, indem Sie falsche Bescheidenheit demonstrieren.

Etwa:

1. »Sie sind mir ja doch überlegen . . .«
2. »Mit so einem Fachmann, wie Sie, verhandeln zu müssen . . .«
3. »Natürlich kann ich mit meinen bescheidenen Kenntnissen nicht mit Ihnen konkurrieren . . .«

Das glaubt man Ihnen sowieso niemals. Versuchen Sie vielmehr durch Suggestivkraft eine Beziehung zu Ihrem Gesprächspartner herzustellen.

Die Einleitung muß besonders gut vorbereitet werden. Jeder Verhandlungsprofi bereitet mehrere Einleitungen vor, um von der gegebenen Situation her auf die beste zurückgreifen zu können. Handeln Sie genauso! Es lohnt sich bestimmt.

Die Einleitung darf nicht zu lang sein. Kurt Tucholsky rät dem schlechten Redner: »Fang nie mit dem Anfang an, sondern immer drei Meilen vor dem Anfang.« Sollten Sie diese Warnung von Tucholsky nicht ernst nehmen, dann rate ich Ihnen: Versuchen Sie erst gar nicht eine Argumentation zu beginnen, Sie würden doch keinen Erfolg haben.

Noch wichtiger als die Einleitung ist der Schluß einer Argumentation.

Das ist sehr leicht einzusehen, denn der Schluß ist die eindringliche und pointierte Hervorhebung alles Gesagten. Der Schluß ist nur ein Schluß der kommunikativen Beziehung mit dem Partner, aber kein Schluß in Bezug auf die Wirkung aller Argumente.

Meistens ist es so, daß die eigentliche Wirkung beim Partner erst einige Zeit später erfolgt. Ihre Suggestivkraft muß weiterwirken, den Partner weiter beeinflussen und Ihre Argumente dem Partner immer wieder ins volle Bewußtsein rufen. Eine Argumentation hört eben nicht auf, wenn die Partner auseinandergehen, die eigentliche Wirkung der Argumente kann zeitlich viel später liegen – aber nur dann, wenn der Schluß gekonnt »sitzt«. Bei jedem Kommunikationsprozeß überlagert ein Satz den anderen. Durch diesen Überlagerungsprozeß kann man natürlich nicht jeden Satz im Detail behalten. Aber am Schluß eines Gesprächs findet keine Überlagerung der Sätze mehr statt. Die Schlußsätze bleiben haften. Also müssen gerade diese Sätze besonders sorgfältig formuliert werden. Mit Recht kann also behauptet werden: Bei einer Argumentation entscheidet der Schluß alles! Ist der *Schluß gelungen,* dann wirft das rückwirkend ein *gutes* Licht auf alles Gesagte – *die Gesamtargumentation wird aufgewertet.* Ist der Schluß dagegen schlecht, nichtssagend und lustlos, dann wirft das ein *schlechtes* Licht auf alles Gesagte – *die Gesamtargumentation wird abgewertet.*

Ist eine Argumentation mangelhaft vorbereitet, so wird der Schluß schwer greifbar, man setzt mehrmals zum Schluß an, ohne daß er gelingt. Ein unbefriedigender Schluß zeugt einen neuen, der möglicherweise noch unbefriedigender ist. Man kommt an kein Ende. Die Gesamtargumentation verpufft ohne Wirkung (Nudelteigschluß). Hier gilt: Ein Ende ohne Schluß ist nicht gut, aber ein Schluß ohne Ende ist entsetzlich!

Natürlich kann man den Schluß vorher nicht zeitlich festsetzen. Das hängt sicherlich von der Gesprächssituation ab. Hierzu ist ein genaues Erfassen der Gesamtargumentation notwendig. Die Gefahr des Schließens im falschen Augenblick ist unendlich groß. So kann eine Gesamtargumentation zunichte gemacht werden.

Der Schluß enthält keine neuen Argumente mehr – es sei denn, man sagt die wichtigsten Argumente sprachlich noch einmal in einer anderen Form (Redundanz).

Der Schluß sollte auf jeden Fall die folgenden Faktoren enthalten:

1. Die *Vorteile* für meinen Gesprächspartner fasse ich noch einmal argumentativ zusammen.
2. Meine *wichtigsten Argumente* sage ich noch einmal wörtlich, teilweise oder in sprachlich variierter Form, je nachdem, wie es die Situation erfordert.
3. Sollte aus den Schlußsätzen noch einmal ein Gespräch folgen, habe ich noch einige gute *Argumente in Reserve,* die ich bisher verschwiegen habe. Nicht gleich alles Pulver in der Hauptargumentation verschießen.
4. Die Schlußsätze müssen äußerst *einprägsam formuliert* werden, damit man sie gut behalten kann und sie somit Impulse für ein Handeln werden.
5. Der Schluß muß bei Ihrem Partner die Tat oder eine *tatbereite Gesinnung wecken.* Aus dem Argumentieren muß das Handeln folgen. Der Schluß ist der Übergang von der Theorie zur Praxis.

Die Schlußsätze müssen auf jeden Fall nachwirken. Das erreichen Sie dadurch, daß Sie nach der Verhandlung nicht noch lange mit Ihrem Partner nichtssagende Gespräche führen. Legen Sie die Wirkkraft Ihrer Persönlichkeit (Suggestivkraft) zum Schluß in einen festen Händedruck und schauen Sie Ihren Partner dabei an. Der Schluß sollte auch den Grundstein für weitere fruchtbare Gespräche legen, deshalb muß er einen hoffnungsvollen Ausblick enthalten:

1. Freude über einen gelungenen Abschluß oder wenigstens Meinungen und Argumente ausgetauscht zu haben.
2. Zuversicht für weitere fruchtbare Zusammenarbeit.
3. Zufriedenheit über das Erreichte. Bedenken Sie dabei, daß ein Kompromiß auch eine gute Sache sein kann.

Einleitung und Schluß sind in der Tat Hauptkomponenten einer Argumentation. Sie stabilisieren jeden Argumentationsprozeß als tragende Eckpfeiler. Ohne diese umfassende Klammer von Einleitung und Schluß wie ein Rahmen fehlt jeder Argumentation einer der wirkungsvollsten Beweggründe.

V. Praktischer Übungsteil

Das letzte Kapitel dieses Buches soll als praktischer Übungsteil Anleitungen und Hinweise zu einem intensiven Kommunikationstraining in der Diskussions- und in der Argumentationstechnik geben. Aber auch in den vorangegangenen Kapiteln findet der Leser eine Menge Anregungen, die zu persönlichen Testübungen einladen. Dieses Kapitel enthält fünf verschiedene Abschnitte, um eine möglichst breite Fächerung der Kommunikationsübungen zu zeigen.

1. Übungen in der freien Rede.
2. Aufdeckung meiner Suggestivkraft. Wie erkenne ich mein kommunikatives Wesen?
3. Formulierungsübungen zu Themen und Argumenten.
4. Argumente entwickeln und verteidigen.
5. Übungen in der Schlagfertigkeit.

1. Übungen in der freien Rede

Es ist selbstverständlich, daß man nur dann gut diskutieren und zu argumentieren versteht, wenn man gut und frei reden kann. Wer vom Manuskript nicht loskommt, sollte nicht nur auf das freie Reden, sondern auch auf das Argumentieren verzichten, da ihm wohl kaum Erfolg beschieden sein dürfte. Wie kann man wirkungsvoll Argumente vortragen und auch verteidigen, wenn man sich sprachlich und psychologisch gehemmt, voller Angst vor dem Partner, in sein Manuskript oder seine anderen Unterlagen verkriecht? Wer viel in Diskussionen oder Verhandlungen argumentieren muß, sollte daher nicht auf eine gediegene und nicht zu kurze Rednerschulung verzichten.

Hier seien nur einige Anregungen geboten, wie sich sowohl

der Gelegenheitsredner (oder Diskutierer) als auch der Profi weiterbilden kann.

1. Erzählen Sie Kurzgeschichten oder auch Fabeln (z.B. von Lessing).

Zunächst lesen Sie eine Kurzgeschichte oder eine Fabel. Merken Sie sich den Inhalt. Versuchen Sie herauszufinden, worauf es inhaltlich ankommt. Dann stellen Sie sich ein *bestimmtes* Publikum vor und beginnen Ihre Erzählung. Das Erzählen einer Kurzgeschichte können Sie zunächst für sich proben. Auf jeden Fall nehmen Sie Ihre Erzählung auf Tonband auf. Sollten Sie sich mit einem Video-Rekorder aufnehmen können, dann haben Sie natürlich noch den Vorteil, sich auch im Bild testen zu können. Seien Sie auf jeden Fall sehr kritisch zu sich selbst, überprüfen Sie Wortschatz und Satzbau (auf dem Monitor natürlich auch noch Mimik und Gestik) und urteilen Sie, ob sie alles richtig, interessant und für den Partner packend dargestellt haben. Notieren Sie Ihre Fehler. Überlegen Sie, was Sie an der wiederholten Erzählung besser machen wollen. Dann sprechen Sie *dieselbe* Erzählung noch einmal auf Band und hören Sie ab. Wiederholen Sie die Erzählung so oft, bis Sie zufrieden sind.

Diese Übung kann zweifach variiert werden:

a) Ändern Sie Ihr Publikum. Erzählen Sie dieselbe Kurzgeschichte einmal für Kinder, für Jugendliche, für Ihren Ehepartner usw.

b) Erzählen Sie die Kurzgeschichte vor anderen Leuten (wenigstens vor einem Zuhörer). Beachten Sie dann das feed-back! Fordern Sie Ihre Zuhörer auf, Ihnen zu sagen, was Sie gut und was Sie falsch gemacht haben. Erzählen Sie die Geschichte dann noch einmal vor Ihren Partnern und versuchen Sie, die Ihnen gesagten Fehler zu vermeiden.

2. Variation der Themen.

Diese Übung soll Ihnen helfen, gedanklich sehr schnell umschalten zu lernen, wie das im Argumentationsprozeß erforderlich ist.

Sie nehmen sich etwa 10 bis 15 Notizblock-Zettel. Auf jedem Zettel notieren Sie sich Themen.

Hier ein Beispiel:

Hobby	mein Beruf	meine Lieblings-stars	mein Heimat-ort	Außen-politik
Musik	Bedeutung der Natur	Vorhaben am Abend	Religion	Mode
Glück	Auto	usw.		

Diese Zettel mischen Sie. Nun beginnen Sie über das Thema zu sprechen, was Ihnen der oberste Zettel anzeigt. Nach ca. einer Minute nehmen Sie den Zettel mit dem zweiten Thema und sprechen darüber (auch, wenn Sie mit dem ersten Thema noch nicht fertig sind). Sie können immer wieder neue Themen auf Notizzettel schreiben und auch Ihre Zettel immer wieder mischen und jeweils zu dem obenliegenden Thema sprechen. Diese Übung läßt zwei Variationen zu:

a) Sie geben Ihre Zettel einem Partner, dieser mischt sie und sagt Ihnen das jeweilige Thema an, über das Sie sprechen sollen. Dabei setzt Ihr Partner die Zeit für jede Kurzrede fest.

b) Ihr Partner mischt die Zettel laufend. Dabei wechseln die Themen, über die Sie sprechen sollen, in rascher Folge. Dieselben Themen kommen dann natürlich zwei- oder dreimal vor. Dazu müssen Sie außerdem noch versuchen, beim gleichen Thema an der Stelle wieder anzuknüpfen, an der Sie durch ein neues Thema unterbrochen wurden.

Auch diese Übung schließt Ihre Selbstkritik und die Ihrer Zuhörer ein. Daß Sie auch diese Übung auf Tonträger aufnehmen müssen, versteht sich von selbst.

3. Kommunikationsübungen mit Stichworten.

Entweder lassen Sie sich von einem Partner etwa 5 bis 8 ganz beliebige Wörter sagen, die Sie notieren oder – dies ist noch besser – Sie tippen in einer Zeitung blindlings auf 5 bis 8 Wörter, die Sie notieren. Aus diesen willkürlichen Wörtern formulieren Sie eine Geschichte. Hier ein einfaches Beispiel:

1. Politik	fünf aus einer Zeitung
2. Geschichte	herausgetippte
3. Rechtsprechung	Stichwörter
4. Villa	
5. Buch	

> *Politik* kann zu einer traurigen *Geschichte* werden, wenn sie jenseits aller *Rechtsprechung* betrieben wird. Hier wird oft nach dem Prinzip gehandelt: »Was mir nützt ist Recht.« Daß man sich dadurch auf Kosten anderer bereichert und sich z.B. eine *Villa* bauen kann, braucht kaum erwähnt zu werden. Bei solchen Menschen zählt oft nur eins: ihr Sparkassen*buch*.

Sie können beliebig viele Sätze zwischen den einzelnen Stichwörtern bilden, bis Sie etwa meinen, sinngerechte Zusammenhänge herstellen zu können, aber Sie dürfen die einzelnen Stichwörter in der Reihenfolge *nicht vertauschen* (damit würde ja der Schwierigkeitsgrad dieser Übung wegfallen). Sie können aber auch – wenn Ihnen eine nette Geschichte gelungen ist – mit dem letzten Wort beginnen und eine andere Geschichte unter Verwendung der Wörter in umgekehrter Reihenfolge erfinden.

Diese Übung dient der schnellen Kombinierfähigkeit, die Sie unbedingt beim Argumentieren brauchen. Außerdem müssen Sie unlogische Aussagen Ihres Partners in einen logischen, sinnvollen Zusammenhang hineinkombinieren können. Diese Übung können Sie auch als ein nettes Gesellschaftsspiel bei vielen persönlichen Anlässen verwenden.

4. Texte erweitern und verkürzen

Sie lesen den Leitartikel einer Zeitung oder eine Geschichte. Versuchen Sie nun das Gelesene mit Ihren eigenen Gedanken zu erweitern. Oder verkürzen Sie es so, daß nur der Inhalt im Kern erhalten bleibt. Erweitern Sie zum Beispiel die folgende Geschichte von Karl Leufers kommentierend. Danach verkürzen Sie die Geschichte, aber so, daß der Sinn erhalten bleibt.

> In einer Stadt hat ein Artist sein Hochseil gespannt. Er führt vor dem Publikum seine Kunststücke vor, eines spannungserregender als das andere. Die Menschenmenge ist begeistert. Atemlos halten sie still, als er zum Abschluß eine Schubkarre über das Hochseil schiebt. Tosender Applaus – so etwas hat man nicht erwartet.
>
> Da ruft der Artist in die Menge: »Trauen Sie mir zu, daß ich die Schubkarre auf dem gleichen Wege wieder zurückschieben kann?« Begeisterte Zustimmung! Der Artist schweigt eine Weile. Zaudert er? »Weitergehen« rufen ihm einige zu. Einer schreit besonders laut. Dem wendet sich der Mann auf dem Hochseil zu: »Sie da unten, trauen Sie mir wirklich zu, die Karre zurückzuschieben?« »Aber selbstverständlich«, ruft der Mann zurück. »Dann kommen Sie doch herauf«, sagt der Artist, »und setzen Sie sich in die Karre!«

5. Beschreiben Sie, was Sie auf der Straße sehen.

Sie schauen aus dem Fenster und beschreiben (nicht nur erzählen), was Sie auf der Straße sehen. Beschreiben Sie es so, daß sich Ihre Zuhörer ein plastisches Bild davon machen können. Erklären Sie z.B. Leute, Autos, Fassaden und die Natur so bildhaft, wie es eben geht. Stellen Sie dann bei Ihren Zuhörern Rückfragen und vergleichen Sie deren Aussagen mit Ihren Schilderungen. Grundsätzlich sollten sie bei allen Schilderungen auf folgende Punkte achten:

a) Angabe des Ortes – *Wo*
b) Angabe der Zeit – *Wann*
c) Angabe der beteiligten Personen – *Wer*
d) Angabe des Inhalts – *Was*
e) Angabe der Gründe – *Warum*
f) Angabe des Verlaufs – *Wie*

Diese Übung schärft Ihre Beobachtungsgabe und führt zu einer prägnanten Ausdruckweise.

6. Das kommentierende Sprechen.

Das kommentierende Sprechen schließt eine Wertung ein. *Sie* geben einen Kommentar zu dem, was Sie sehen und erleben.

Stellen Sie zunächst einmal eine kurze Überlegung an:

a) Ein *Rundfunk-Reporter* berichtet über ein Fußballspiel. Was muß er über den Spielverlauf hinaus noch alles sagen? Er muß nicht nur über die Farben (Trikots, Stadion) berichten, sondern auch noch Stimmung einfangen und wiedergeben.

b) Ein *Fernseh-Reporter* berichtet über dasselbe Fußballspiel. Was kann er alles weglassen? Er kann fast alles weglassen, was man sieht, aber dazu hat er noch eine weitere Möglichkeit. Er kann das Gesehene weitgehend kommentieren, wozu dem Rundfunk-Reporter kaum Zeit bleibt.

Ihre Aufgabe besteht nun darin:

1. Stellen Sie bei Ihrem Fernsehgerät den Ton ab und kommentieren Sie das Gesehene.

2. Machen Sie sich jeweils bewußt, wo Sie *mehr informieren* (wie beim Rundfunk) und wo Sie *mehr kommentieren* müssen (wie beim Fernsehen).

Diese Übungen schulen Ihre Genauigkeit in der Ausdrucksweise und nicht zuletzt auch Ihr Gefühl für die Wertung des Gesagten.

7. *Das Gedächtnistraining.*

Es gibt viele Möglichkeiten, sein Gedächtnis zu trainieren, auf die hier nicht eingegangen werden kann. Das Autogene Training gehört sicher dazu.

1. Versuchen Sie das, was Sie hören oder lesen auch bewußt zu behalten, indem Sie es immer mal wiederholen.
2. Stellen Sie schriftlich 8 bis 10 Behauptungen auf und suchen Sie für jede dieser Thesen 3 Argumente. Versuchen Sie nun jede These und die entsprechenden Argumente zu behalten. Sie müssen also ca. 25 bis 30 verschiedene Argumente behalten. Das ist nicht so schwer, wie Sie denken. Hierbei führt auch Übung zum Erfolg.
3. Versuchen Sie eine halbe Stunde nach jeder Nachrichtensendung die Informationen, die Sie gehört haben, aufzuschreiben. Das wird Ihnen anfangs große Schwierigkeiten bereiten, aber Sie werden mit der Zeit immer mehr behalten. Durch dieses Training wird Ihr Gedächtnis geschult. Bedenken Sie, daß Sie bei jeder Argumentation aus dem Vollen schöpfen müssen und kaum wichtige Argumente ablesen oder gar nachschlagen können.

Bei allen diesen Übungen achten Sie noch auf folgende Dinge und kontrollieren Sie sie:

1. Verwenden Sie einen prägnanten, interessanten und treffsicheren Wortschatz.
2. Sprechen Sie alle Gedanken in kurzen Sätzen aus. Neuer Gedanke – neuer Satz!
3. Gebrauchen Sie viele Bilder und Beispiele, denn so behält

man besser. Vergleichen Sie Unbekanntes mit Bekanntem.

4. Sprechen Sie mit kräftiger und wohlklingender Stimme.

5. Ihr Thema muß immer faszinieren (Informieren durch Schokkieren).

6. Versuchen Sie auch Ihre Gefühle in Worte zu kleiden, denn Gefühl, Verstand und Wille gehören zusammen.

7. Kontrollieren Sie immer ganz genau das feed-back bei Ihren praktischen Übungen.

8. Kontrollieren Sie, ob Sie zu oft Lieblingswörter oder Lieblingswendungen gebrauchen und ersetzen Sie sie nötigenfalls durch andere.

9. Üben sie sich im Sprechdenken, indem Sie während des Sprechens neue Gedanken finden, formulieren und auch aussprechen.

10. Nutzen Sie jede Gelegenheit zum Üben. Je mehr Sie üben, desto besser werden Sie die freie Rede beherrschen und desto souveräner lernen Sie auch argumentieren.

Alle diese Übungen lassen sich natürlich am besten mit einem Kommunikationstrainer während eines Seminars durchführen, denn dann haben Sie eine objektive Kontrolle, motivierende Anregungen und eine konkrete, individuelle Hilfestellung.

2. Aufdeckung meiner Suggestivkraft – wie erkenne ich mein suggestives Wesen?

Dieser Abschnitt will das in Kapitel II, 1-2, Gesagte nicht wiederholen. Es geht vielmehr darum, wie man seine eigene Suggestivkraft entdecken und sie anwenden kann. Der Autor dieses Buches weiß aus langjähriger Erfahrung, wie sehr Menschen geholfen werden kann, wenn man ihnen zeigt, welche kommunikativen Fähigkeiten sie besitzen und wie diese sie zum Erfolg führen können.

Man muß um seine Fähigkeiten wissen, um sie erfolgreich

anwenden zu können.

Das hat nichts mit Überheblichkeit zu tun. Man muß seine Suggestivkräfte in Gesprächen, beim Argumentieren und bei der Rede entdecken. Im Gegensatz zu allen anderen praktischen Übungen brauchen wir hierzu unbedingt einen Partner, denn der Mensch kann sich erst ganz am anderen Menschen entdecken. Diese Übungen lassen sich auf keinen Fall vor dem Spiegel praktizieren. Mein Ich ist immer auf ein Du bezogen. So sind die Übungen zur Suggestivkraft immer partnerbezogen. Fällt ein anderer ein Urteil über mich, so ist es meist objektiver, sachlicher und daher auch besser. Es gilt ja jenes Stück meines Wesens zu entdecken, was mir nicht bekannt ist (Blinder Fleck). Wenn ich erkannt habe, wie trügerisch die Selbsteinschätzung manchmal sein kann, dann kann ich manchen Fehler vermeiden. Der andere Mensch kann mehr über mich sagen, über meine Wirkung auf andere, als ich das selbst vermag. Meine Erfahrungen mit einem oder mehreren Partnern überzeugen mich mehr als subjektive Gewißheit.

Wenn ich mich richtig auf Zuhörer einzustellen vermag, sind mir Erfolgserlebnisse sicher – und die braucht man im Leben. Wenn man sich testet – mit Partner und/oder Video-Recorder – dann kann man kommunikatives Fehlverhalten vermeiden. Durch Video-Training wird asoziale und deformierte Kommunikation überwunden. Manche Fehlleistungen, besonders in führenden Positionen, ließen sich vermeiden. Man kann eben keine Menschen führen ohne klare Erkenntnis der eigenen Wirkweise (Suggestivkraft) auf andere Menschen.

Worin besteht nun das Video-Training? Wie kann man seine Suggestivkraft entdecken?

Es besteht kein Zweifel, daß jeder Mensch Suggestivkräfte besitzt, die aber oft durch kommunikative Hemmungen nicht ganz zur Wirkung kommen.

1. Das Vorstellen.

Eine wichtige Übung bei jeder Rednerschulung ist das Vorstellen der Teilnehmer. Allerdings wird dieses Vorstellen inhaltlich ein wenig erweitert, damit der Teilnehmer genügend Stoff hat, sich kommunikativ zu entfalten. Neben seinem Namen, seiner Herkunft und seinem Beruf soll er auch noch kurz über sein Hobby berichten und über seine Erwartungen im Redelehrgang. Dieses Vorstellen ist relativ schwer, da die kommunikativen Entfaltungsmöglichkeiten naturgemäß gering sind (bei einer längeren Rede hat man mehr Möglichkeiten rhetorische Fähigkeiten zu entwickeln). Dazu kommt noch, daß zwei Redewendungen nicht gebraucht werden dürfen: »Ich heiße . . .« und »mein Name ist . . .« (man kann das auch anders ausdrücken, es gehört nur ein wenig Phantasie dazu). Die anderen Seminarteilnehmer haben nun die Aufgabe, das kommunikative Wesen (nicht den Charakter) des Vorgestellten zu ergründen. Zwei Fragen müssen gestellt werden:

- »Kommt« der Sprecher »an«?
- Wenn ja, warum; wenn nein, warum nicht?

Die Teilnehmer könnten z.B. die erste Frage mit Ja beantworten. Dann muß diese Behauptung begründet und spezifiziert dargestellt werden, etwa so: »er ist sympathisch, ehrlich, aufrichtig, herzerfrischend, originell, sicher im Ausdruck, zeigt starken Augenkontakt, hat eine wohlklingende, warme Stimme, ist vertrauenserweckend usw.« Die Zuhörer sagen dem Redner, warum er gut »ankommt«. Sie entdecken die Suggestivkräfte des Redners, um die der Redner (Sprecher) unbedingt wissen muß. Er hört seine kommunikativen Vorteile, warum Menschen auf ihn gut reagieren, warum sie zuhören, wenn er etwas sagt, warum er Leute begeistern kann. Durch diese Aussagen wird beim Sprecher folgendes erreicht:

a) Er lernt seine kommunikativen Vorteile kennen (Träger der Suggestivkräfte).

b) Sein Selbstvertrauen wächst.

c) Er wird für viele Kommunikationsprozesse motiviert.

Man beginnt immer grundsätzlich damit, dem Redner seine positiven Kommunikationsmöglichkeiten aufzuzeigen. Natürlich folgen dann auch in der Beurteilung die Nachteile, die mehr oder weniger seine Suggestivkräfte auslöschen. Einige sollen genannt werden: der Redner wirkt unsicher, er spricht zu leise oder zu unartikuliert, seine Redeweise grenzt an Arroganz, er spricht gekünstelt oder gleichförmig, er zeigt kein Engagement, er ist mit sich und der Sache beschäftigt und beachtet die Zuhörer nicht usw.

Im Video-Recorder wird dann das Vorstellen oder die Rede noch einmal gezeigt, damit dem Sprecher seine Vor- und Nachteile ganz bewußt werden. Er hat dann auch die Möglichkeit, selbst noch mal Konsequenzen aus dem Gesagten zu ziehen, indem er dieselbe oder eine andere Übungsrede hält.

2. *Übungen zu Mimik und Gestik.*

Diese Übungen lassen sich allerdings nur mit Video-Recorder durchführen, es sei denn, die Zuhörer werden zu »Zusehern« und merken sich besonders Gestik und Mimik des Sprechers.

Eine Kurzrede eines Seminarteilnehmers wird aufgenommen und man kontrolliert vornehmlich seine Mimik und Gestik. Manche Leute haben sich oft Gesten angewöhnt, die unschön sind. Sicher kann man einen Partner darauf aufmerksam machen, besser ist es jedoch, wenn er seine unschönen, oft nichtssagenden und lächerlichen Gesten auf dem Monitor sieht, denn das prägt sich überzeugender ein. Achten Sie dabei auf:

a) unnötiges Aufstützen auf das Rednerpult

b) unnötiges Kratzen am Kopf

c) Gesten wie beim Boxen oder Melken

d) unnötiges Auf- und Absetzen der Brille

e) unnötiges Zurückstreichen der Haare und

f) Verstecken der Hände in Jacken- oder Hosentaschen.

Das sind Unarten, die am häufigsten vorkommen. Die Zuhörer stoßen sich an seltsamen Gesten und hören nicht mehr richtig zu. Die Suggestivkräfte werden durch falsche Körpermotorik annuliert. Üben Sie so lange – am besten vor Zuschauern – bis man mit Ihrer Mimik und Gestik zufrieden ist.

Zur Ergänzung versuchen Sie auch emotionale Zustände und Gehaben durch Gesten auszudrücken. Z.B.: Ärger – Erstaunen – Freude – Liebe – Resignation – energisch – Gleichgültigkeit – Wut usw. Versuchen Sie auf jeden Fall immer positive, freundliche, aufrichtige und begeisternde Suggestivkräfte zu entwickeln.

3. Übungen zum feed-back.

Über das feed-back wurde in Kapitel II ausführlich gesprochen. Es besteht kein Zweifel, daß Ihre Suggestivkraft beim Zuhörer das feed-back auslöst. Sie werden sicher auch bei jeder Rede oder Argumentation darauf reagieren und danach Ihre Argumente vorbringen. Das feed-back muß Ihnen ganz bewußt werden, wenn Sie es richtig nutzen wollen. Daher nehmen Sie sich folgende Fragen zu Herzen.

– In Kapitel IV wurden die verschiedenen Argumentationspartner geschildert. Fragen Sie sich nun, wieso bei einem der Partnertypen Ihre Argumente voll ins Schwarze trafen, bei dem anderen nicht. Jeder Mensch reagiert bekanntlich anders. *Haben Sie bei jedem genau sein feed-back beachtet und demnach argumentiert?*

– Fragen Sie sich: *Kommen meine kommunikativen Vorteile bei jedem Partner an?* Ihr Humor könnte z.B. nicht jedermanns Sache sein. Das feed-back soll Ihnen zeigen, wie Sie Ihre Suggestivkraft dosieren müssen. Sie müssen also während Ihrer Argumentation genauestens das feed-back analysieren.

– *Warum reagiert der Partner überhaupt nicht? Habe ich ihn richtig eingeschätzt? Waren meine Argumente für diesen Partner überhaupt zugkräftig?* Seien Sie nicht enttäuscht, wenn Ihre Suggestivkraft nicht bei jedem Partner etwas bewirkt. Das ist normal und darf Sie nicht hindern, an die Ausstrahlungskraft Ihrer Person zu glauben.

3. Formulierungsübungen zu Themen und Argumenten.

Es wurde schon wiederholt gesagt, wie sehr die Argumente einerseits oft in ihren Inhalten stimmen, andererseits aber unklar oder gar falsch formuliert werden. Kein Zweifel, das Formulieren der Argumente darf nicht dem Zufall überlassen bleiben, man muß dies üben. Oft werden Argumente zu flach, zu allgemein und zu unpersönlich formuliert.

Merke: *Jede Formulierung trägt die persönliche Note des Sprechers und dies sowohl positiv wie negativ.*

Wenn wir unseren Partner wirklich begeisternd schockieren und damit informieren wollen, dann geht das nicht, ohne sich über die Formulierungen Gedanken zu machen. Sie müssen also Ihre *Argumente richtig verpacken.* Sie müssen bei Ihrem Partner assoziative Vorstellungen wecken, d.h. er muß Ihre Informationen mit ihm bekannten Informationen vergleichen und einander angleichen können. Sie müssen seine Gefühle ansprechen und ihm nicht zuletzt auch seine Vorteile ans Herz legen. Eine schwammige Darstellung gibt der ganzen Rede einen amorphen Ausdruck. In dieser Darstellungsform ist es dem Zuhörenden meist nicht möglich, Wichtiges von Unwichtigem zu trennen. Der ungegliederte Informationsbrei läßt keine Strukturen erkennen, die solche Trennung möglich macht (Rupert Lay). In Ihrer Ausdrucksweise müssen folgende Faktoren sichtbar werden:

1. Sie muß Neugier erregen,
2. Zurückhaltung und Bescheidenheit ausdrücken,
3. zeigen, daß Sie Ihrem Partner nützen können,
4. auf noch kommende Vorteile für Ihren Partner hinweisen und
5. sehr anschaulich und engagiert sein.

Wie erreichen Sie das? Testen Sie alle Ihre Argumente auf sprachliche Richtigkeit, indem Sie sie laut formulieren (am besten auf Tonband aufnehmen). Formulieren Sie so lange, bis Sie die Ihrer Ansicht nach optimalste sprachliche Form gefunden haben. Auf jeden Fall müssen Sie laut üben, denn nur durch den Sprech-Denk-Ablauf lassen sich sprachliche Formulierungen korrigieren. Lautes Sprechen verschafft Klarheit. Versuchen Sie beispielsweise einmal einen Aschenbecher genau zu beschreiben, Sie werden merken, das ist gar nicht so einfach.

Um sprachliche Genauigkeit und Treffsicherheit zu üben, möchte ich Ihnen einige Tests vorstellen.

1. Test:

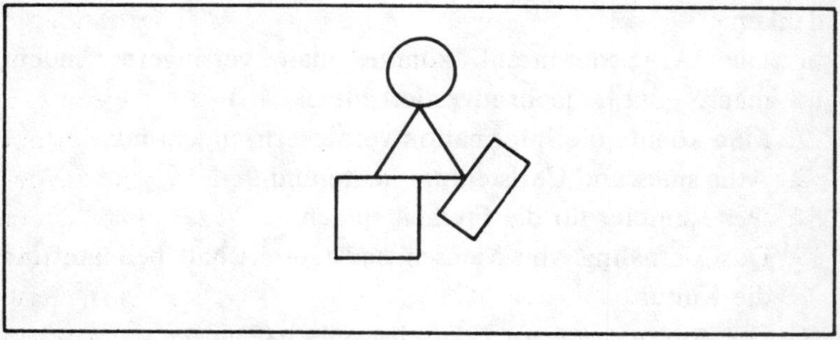

Die Figur, die Sie hier sehen, lassen Sie einmal zeichnen.

Sie bitten Ihre Zuhörer, Schreibzeug und Papier zur Hand zu nehmen und diese Figur, die Ihre Partner natürlich nicht sehen können, auf Ihre Angaben hin zu zeichnen. Sie müssen sich schon sehr genau ausdrücken können, wenn Ihre Zuhörer nachher die Figur gezeichnet haben, die Sie vor sich haben. Dabei ist wichtig: Ihre Zuhörer dürfen keine Rückfragen an Sie stellen. Also nicht: »Wie meinen Sie das genau?« – »Wo schließt das Dreieck an den Kreis an?« – »Wie groß ist der Winkel zwischen

Rechteck und Dreieck?« usw. Sammeln Sie anschließend alle Zeichnungen ein und suchen Sie herauszufinden:

1. wo Sie Formulierungsfehler gemacht haben,
2. wie groß diese Formulierungsfehler waren und
3. wie Sie folglich besser formuliert hätten.

Üben Sie dasselbe weiter, indem Sie die Figuren komplizierter machen. Gerade bei dieser Übung werden Sie feststellen, wie ungenau man sich oft ausdrückt.

2. Test:

Um nicht nur Ihre sprachlichen Formulierungen zu verbessern, sondern auch Ihre Reaktionsfähigkeit, geht es in diesem Test.

Ergänzen Sie die folgenden Satzteile durch Ihre eigenen Gedanken:

1. Die Arbeitslosenzahl könnte man verringern, indem man . . . (z.B. mehr investiert, denn . . .)
2. Man könnte die Information verbessern, indem man . . .
3. Atheismus und Christentum heute und . . .
4. Der Kämpfer für die Freiheit sprach . . .
5. Das Verhältnis von Mensch und Gesellschaft bedeutet für die Kultur . . .
6. Die Alternativen zur Fernsehgesellschaft liegen . . .
7. Keiner ist zu alt zum Lernen, denn . . .
8. Wenn ich bei der Argumentation Argumente ablese, dann . . .
9. Wenn ich meine Suggestivkräfte voll einsetze, dann werde ich beim Argumentieren viel erreichen, denn . . .
10. Wenn ich meinen Wortschatz nicht erweitere, dann . . . (10 Möglichkeiten!)
11. Unruhige Eltern – ratlose Jugend
    a) weil . . .
    b) denn . . .

c) warum . . .
d) deshalb . . .
e) bedeutet . . .

12. Morgen mache ich einen Familienausflug, denn . . .
13. Wenn ich kein Gegenargument mehr habe, dann . . .
14. Wir sollen unsere Mitmenschen lieben, denn . . .
15. Meine Gesundheit geht mir über alles, denn . . .

Nachdem Sie nun einmal alle Sätze ergänzt haben, versuchen Sie es noch einmal mit ganz anderen Ergänzungen und Erweiterungen. Sie werden sehen, wie flexibel Sie in Ihrer Ausdrucksweise werden.

Eine andere Möglichkeit, Ihre sprachlichen Kombinationsfähigkeiten zu erweitern, ist, sprachlich variiert einen Zeitungsabschnitt oder wenige Buchzeilen wiederzugeben, zu verkürzen, zu erweitern oder für verschiedene Zielgruppen anders darzustellen (z.B. auch einmal für Kinder).

Wenn Sie viel diskutieren und argumentieren müssen, dann empfehle ich Ihnen das dickleibige Lexikon von Franz Dornseiff »Der deutsche Wortschatz nach Sachgruppen« (Walter der Gruyter-Verlag). Die Wörter der deutschen Sprache werden begrifflich nach Sachgruppen geordnet, so daß Sie unter einer Sachgruppe alle Wörter aufgeführt finden, die zu einer sachlichen Einheit gehören. Somit haben Sie die ganze Palette der möglichen Ausdrücke in einem Sachbereich beisammen. Zwei Beispiele aus dem »Dornseiff« seien angeführt:

Erklärung:	eigentlich, folgendermaßen, nämlich, das heißt, das ist, wie folgt, mit anderen Worten, in kurzen Worten, einfach ausgedrückt, schlicht ausgedrückt, schlicht gesprochen, streng genommen, auf gut Deutsch.

Folgern:	nun aber, also, daher, darum, demgemäß, ergo, dieserhalb, folglich, konsequentermaßen, somit, mithin, na also, nach Adam Riese, logischerweise, dergestalt daß, stimmt's oder nicht?, sich ergeben, erhellen, herauskommen, hervorgehen aus, resultieren.

Sie sehen also: eine Menge Wörter für einen Sachverhalt oder einen Begriff. Gehen Sie auf »Wortsuche«! Es lohnt sich!

3. Test:

In Kapitel III, 2 wurde Ihnen die Fünf-Satz-Methode vorgestellt. Hier geht es nicht darum, sie erweiternd zu erklären, sondern sie zu üben. Aber zunächst ist es unerläßlich, daß Sie dieses Kapitel noch einmal lesen, damit Sie sich vor den Übungen noch einmal damit vertraut machen.

Wie Sie wissen, wurden 7 Schemata zu je fünf Sätzen vorgestellt, die uns zu logischem Denken zwingen. Es hat wenig Sinn, solche Denkschemata nur zur Kenntnis zu nehmen. Man muß sie einfach üben. Ein Beispiel für jeden Fünfer-Satz fanden Sie ja bereits bei der Darstellung eines jeden Plans.

1. Versuchen Sie sich inhaltlich alle sieben Pläne zu merken, d.h. zu den einzelnen Schemata merken Sie sich auch den dazugehörigen Text.
2. Als zweiten Denkschritt versuchen Sie nun die sieben Pläne und die Anordnung der Kreise und Striche punktuell ihrem Gedächtnis einzuverleiben.

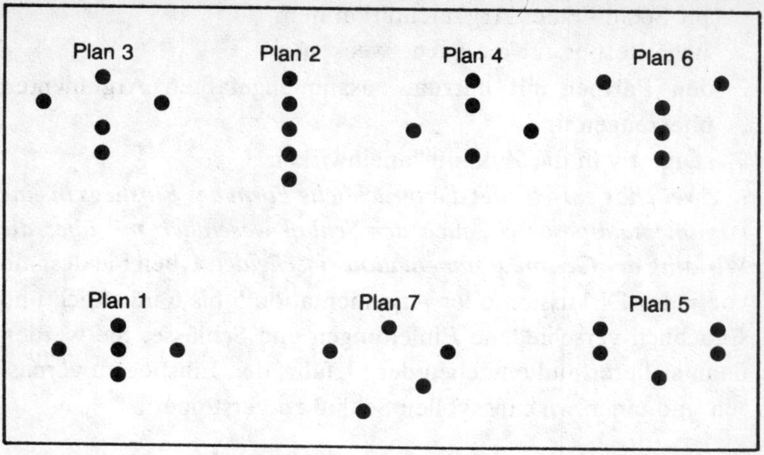

3. Nun beginnen Sie nach diesem Punktschema zu üben. Versuchen sie also Ihre Gedanken in einem Fünfer-Satz wiederzugeben. Nehmen Sie den Plan, der Ihnen für die jeweilige Argumentation am geeignetsten erscheint.

Durch diesen 3. Test üben sie nicht nur Ihr logisch richtiges und zielgerechtes Denken, Sie müssen darüber hinaus auch durch ganz genaue sprachliche Formulierungen das Wesentliche sagen können. Da Ihnen nur fünf Sätze zur Verfügung stehen, sind Sie auf jeden Fall gezwungen, genauer zu formulieren.

Einleitung und Schluß sind wirkungsvolle Beweggründe einer Gesamtargumentation. Wenn das so ist, dann muß sowohl die *Einleitung* als auch der *Schluß* jeder Argumentation sprachlich richtig und zielgerecht formuliert werden. Mehr noch: Der Beginn einer Argumentation muß:

1. den Partner packen und begeistern,
2. die Thematik bereits am Anfang interessiert machen und
3. suggestiv wirksam sein.

Der Schluß einer Argumentation muß:

1. Begeisterung für die Sache wecken,
2. den Partner mit kurzen, zusammengefaßten Argumenten überzeugen und
3. suggestiv in die Zukunft hineinwirken.

Zweifellos entscheidet die sprachliche Form des Einstiegs in eine Argumentation so wie auch der Schluß wesentlich mit über die Wirkung der Gesamtargumentation entscheidet. Üben Sie deshalb vor jeder Diskussion oder Argumentation 5 bis 6 inhaltlich und sprachlich verschiedene Einleitungen und Schlüsse. Sie werden dann sicherer und entgehen der Gefahr, den Einstieg zu verpassen und einen wirkungsvollen Schluß zu verstolpern.

4. Argumentation entwickeln und verteidigen

Es ist wichtig, daß Sie Ihre Argumente nicht nur entwickeln, sondern auch einmal von einem anderen kontrollieren lassen. Wie oft sind wir sicher, ein überzeugendes Argument gefunden zu haben. Testen wir aber dieses Argument (natürlich bevor die eigentliche Diskussion stattfindet) etwa bei einem Freund oder dem Ehepartner, dann könnte er uns sagen, wie wenig ihn unser Argument überzeugt. Das soll dann nicht für uns heißen, daß dieses Argument grundsätzlich fadenscheinig ist, aber wir sollten dann doch vorsichtig sein und solche Argumente nicht zu hoch einschätzen. Testen Sie alle Argumente in der Generalprobe, falls das möglich ist. Wenn ein Freund oder Bekannter Ihre Argumente ein wenig in Frage stellt, so kann Ihnen das nur nützen. Fordern Sie ruhig von Ihren Testpersonen scharfe Kritik. Sie können Ihnen oft durch ihre Objektivität eher sagen, ob ein Argument stichhaltig und überzeugend ist oder nicht. So ist Ihnen durch diese »Generalprobe« immer noch die Möglichkeit gegeben, sich zu korrigieren oder Ihre Argumentation zu erweitern.

Es folgen nun eine Reihe Stichwörter als Test für Sie. Ihre Aufgabe besteht darin:

– aus jedem Stichwort eine Behauptung (These) zu formulieren,
– Ihre These durch mindestens drei Argumente zu untermauern und
– einen oder viele Gesprächspartner in eine Diskussion darüber zu verwickeln und Ihre Behauptung zu verteidigen.

Nehmen wir als Beispiel das Stichwort »Kino«. Aus diesem Wort ist zunächst eine These (oder ein Vortragsthema) zu formulieren. Z.B.: »Ich gehe lieber ins Kino als vor dem Fernseher zu sitzen.« Es folgen nun Begründungen für diese Behauptung:

1. Im Kino sehe ich die neuesten Filme.
2. Ich liebe die Atmosphäre des Kinos.
3. Die Kinofilme kann ich mir wenigstens zum Teil aussuchen.
4. Durch die Großformatprojektion merke ich mir Kinofilme besser.
5. Da ein bestimmter Film manchmal wochenlang und zu verschiedenen Tageszeiten gezeigt wird, kann ich mir leicht einen passenden Termin aussuchen.

Nachdem Sie das Thema formuliert und durch Argumente begründet haben, versuchen Sie, einen oder mehrere Partner in eine Diskussion hierüber zu verwickeln. Nach dieser Diskussion fragen Sie sich:

1. Welche Argumente wurden vom Zuhörer akzeptiert und welche nicht?
2. Wo muß ich mich korrigieren?
3. Was muß ich in meinem Vortrag, wenn ich ihn mal zu halten hätte, ändern (Wortschatz oder Satzbau, Verständlichkeit, Reihenfolge oder Argumente)? So werden Sie mit der Zeit große Sicherheit gewinnen, wie man Themen schlagfertig und eindrucksvoll formuliert und ein Gespür dafür entwickeln, wie man Argumente überzeugend nach ihrer Wichtigkeit ordnen kann.

Hier nun eine Liste Ihrer Übungsstichworte:

Finanzamt	Kontrolle
Zufriedenheit	Planung
Familie	Ziele
Wasser	Konflikt
Arbeit	Werbung
Auto	Fußball
Automation	Wandern
Alter	Problem
Vollbeschäftigung	Drogen
Diskussion	Autorität
Technik	Glück
Freude	Prüfung
Angst	Leistung
Krise	Freizeit
Hobby	Zeit
Urlaub	Politik
Vorbild	Entspannung
Beruf	Kommunikation
Lärm	Training
Fernsehen	Verantwortung
Fortschritt	Kreativität
Aggression	Denken
Intelligenz	Routine
Motivation	Information

Wie bereits gesagt wurde, kommt es darauf an, ein Thema zu formulieren, dafür Argumente zu bringen und die Partner in eine Diskussion zu verwickeln. Nach meiner Erfahrung bei Kursen in der Argumentationstechnik gelingt das Letztere nur selten. Eine Diskussion zu beginnen, fällt den meisten Sprechern sehr schwer. Der Übergang von der Darstellung des Themas zur Diskussion wird kaum richtig vollzogen. Die Zuhörer bleiben nach dem Kurzvortrag des Referenten meist stumm. Offensichtlich liegt das nur an der falschen Fragestellung zu Beginn der Diskussion.

»Wer hat jetzt eine Frage?« – »Haben Sie zu meinen Ausführungen etwas zu sagen?« – »Sind Sie mit dem Vortrag einverstanden?« Solche Eingangsfragen zu Beginn einer Diskussion sind unmöglich. Wozu sollen denn die Zuhörer etwas fragen? Vielleicht ob der Referent gut geschlafen hat? So geht das also nicht! Der Referent muß auf jeden Fall ein Problem (oder ein Argument) *noch einmal* formulieren und konkret dazu Stellung nehmen lassen. Noch mehr: er muß das Problem pointiert und provozierend formulieren (Startfragentechnik). Nur dann kommt eine Diskussion spritzig und schwungvoll in Gang.

Ihre *Übungsaufgabe* besteht darin, *Überleitungssätze von Ihrem Vortrag zur Diskussion* zu überlegen und zu üben. Fragen Sie sich:

1. Mit welchem Problem (oder Argument) meines Vortrags kann ich eine Diskussion beginnen?
2. Wie muß ich es formulieren, damit meine Zuhörer sofort antworten müssen?

Das sollen Sie auf jeden Fall üben und noch mal üben, denn diese Kommunikationsleistung schaffen erfahrungsgemäß die wenigsten Teilnehmer der Seminare. Es liegt also nur an einer etwas provozierenden Frage- und Formulierungstechnik, wenn man die Teilnehmer aus der Reserve locken kann.

5. Übungen in der Schlagfertigkeit

Unter Schlagfertigkeit verstehen wir ein schnelles Reagieren auf Behauptungen unseres Gegners mit gekonnten und entwaffnenden Entgegnungen. Das hat für uns den Vorteil, unserem Partner einen Schritt voraus zu sein. Wer blitzschnell antworten kann, zeigt sowohl sein gutes Reaktionsvermögen als auch seine geschliffene Sprache. Dabei muß man bedenken, daß die schlagfertige Antwort meistens nicht die logische Antwort ist – im Gegenteil: der Schlagfertige sieht Lücken in den Ausführungen seines Gegners, er kontert geschickt und macht seinen Gegner zunächst einmal sprachlos. Der Vorteil gekonnter Schlagfertigkeit liegt auf der Hand. Ich mache meinen Partner mundtot. Aufgrund meiner schnellen Reaktionen mit einer oft schneidenden, haarscharfen Antwort bleibt dem Partner im ersten Augenblick die Spucke weg. Witz und Schlagfertigkeit gehören zusammen. Ich habe die Lacher immer auf meiner Seite. In der politischen Rede kann ich den Zwischenrufer nur durch eine schlagfertige Antwort entwaffnen. Ich muß also dem Hieb des Gegners mit einer schmetternden Parade begegnen. Der Schlagfertige sieht die Schwäche in der Position des anderen, die Lücke in seinem Kettenhemd (Weller). Der Hieb erfordert sofort den Gegenhieb!

Um schlagfertig zu sein, sind drei wesentliche Dinge gefordert:

1. schnelles Erfassen einer Information
2. schnelles Reagieren auf diese Information und
3. eine geschliffene, gekonnte und gezielte Ausdrucksweise.

Oft fällt einem erst viel später ein, was man auf den Hieb des Gegners hätte antworten können. Dann ist es natürlich zu spät. Überlegen Sie deshalb, was Sie für Partner vor sich haben werden und bereiten Sie sich dann – soweit das möglich ist – vor. Schlagfertigkeit kann man erlernen. Der Alltag bietet uns genügend Möglichkeiten, unsere Schlagfertigkeit ein wenig auszuprobieren. Vergessen Sie aber dabei auch nicht, Ihren Wortschatz zu trainieren, denn Schlagfertigkeit hängt natürlich größtenteils auch von dem treffenden Wort ab. Hierbei sollten Sie wissen, daß viele Wörter mehrere Bedeutungen haben, die situationsbedingt sind. Man verwendet z.B. ein Wort in einer ganz anderen Bedeutung als der Partner es gebraucht hat. Ein kleines Muster mag Ihnen das zeigen:

Der Autor fragt den Verleger: »Sie meinen also, ich soll mehr Feuer in meine Dichtung legen?« Darauf der Verleger: »Nein, ich meine das genau umgekehrt: mehr Dichtung ins Feuer.«

Hören Sie immer aufmerksam zu und fragen Sie sich bei allen Gesprächen und Diskussionen, was Sie darauf geantwortet hätten, auch wenn Sie selbst nicht gefragt werden.

Maximilian Weller verdanken wir das interessante Buch: »Die schlagfertige Antwort« (s. Literaturverzeichnis). Es ist ein Trainingsbuch für Schlagfertigkeit mit 600 Beispielen und Anekdoten. Diesem Buch können Sie eine Menge Anregungen für Ihre Schlagfertigkeit entnehmen. Hier einige Kostproben:

»Lieber Freund«, sagte ein politischer Gegner spöttisch zu Shaffesbury, »Sie tun ja in keiner Parlamentssitzung den Mund auf!« »Sie irren«, entgegnete Shaffesburry, »sobald Sie im Unterhaus sprechen, muß ich gähnen!«

Churchill war von den Konservativen zu den Liberalen übergewechselt, was manchen Leuten sauer aufstieß. So schickte ihm G. B. Shaw zwei Karten für die Premiere seines neuen Stückes und schrieb dazu: »Nehmen Sie einen Freund mit, wenn Sie noch einen haben.« Churchill antwortete: »Bin an dem Abend parlamentarisch gebunden, komme zur zweiten Vorstellung, wenn es noch eine gibt!«

»Sie haben also die erste Sprechmaschine erfunden, Mister Edison.« – »Die erste nicht. Die schuf ein Größerer als ich aus einer Rippe!«

Während einer Diskussion in einem Redelehrgang sagte ein Übungsredner: »Der Vorredner hat den Herrn Bundeskanzler angeschnitten.« – Zwischenruf: »So ein Sadist!«

Der Oberstudienrat stellt beim Abitur eine Frage. Der Schüler schweigt. »Ich habe das Empfinden, als bereite Ihnen meine Frage große Schwierigkeiten?« – »Die Frage nicht«, erklärte der Oberprimaner, »nur die Antwort!«

Als Test machen Sie folgende Übung: Suchen Sie für die Redewendung eine schlagfertige Antwort:
1. in einer harten Gangart und
2. in einem gemäßigten Ton.

Verdecken Sie bitte die Lösungen (rechts) und schauen Sie sich erst später die Lösungsvorschläge an. Versuchen Sie also zunächst eine eigene Formulierung zu finden.

1. Hören Sie mal zu …	1. Das erwarte ich auch von Ihnen …
2. Reden Sie nicht so einen Quatsch …	2. Ich kann auch nicht dafür, daß Sie die Richtigkeit meiner Argumente nicht begreifen …

3. Was machen Sie da ...?	3. Etwas, was Sie keineswegs etwas angeht ...
4. Wie kommen Sie dazu ...?	4. Weil ich dafür Argumente habe ...
5. Was fällt Ihnen ein ...?	5. Genau so wenig, wie Ihnen ...
6. So geht es nicht ...	6. Sie sehen, daß es geht ...
7. Was haben Sie da ...?	7. Was mich nur allein etwas angeht ...
8. Haben Sie mich verstanden ...?	8. Ja, Sie sprachen ziemlich laut ...
9. Was sagen Sie dazu . . . ?	9. Nichts, *Sie* sagten ja schon alles ...
10. Das ist unmöglich ...	10. Wie Sie sehen, geht es eben doch ...
11. Sie Idiot ...	11. Man sollte nicht von sich auf andere schließen ...
12. Das nächste Mal machen Sie es besser ...	12. Vorausgesetzt, *Sie* motivieren mich dazu ...
13. Was soll das Ganze ...?	13. Ach, nur ein nettes Spiel!
14. Das ist gelogen ...	14. Wie gut, daß Sie mich darauf aufmerksam machen ...
15. Das finde ich aber seltsam ...	15. Wie Sie sehen, gibt es doch noch Wunder ...
16. ...	16. ...
17. ...	17. ...
18. ...	18. ...

Wie Sie sicherlich bemerkt haben, ist der Grund der Schärfe bei den Antworten sehr unterschiedlich. Versuchen Sie nun die Schärfe der Antwort zu variieren. Das müssen Sie deshalb schon, weil Sie verschiedene Partnertypen vor sich haben. Manchmal sind die Fragen, die man an Sie richtet, indiskret und beleidigend. Dann müssen Sie auch dementsprechend antworten.

Schlagfertigkeit ist kein kommunikativer Luxus. Die Schlagfertigkeit verleiht der gesamten Argumentation die Spritzigkeit, den informativen Schlagabtausch der Argumente und letztlich auch die Freude.

Literaturverzeichnis

ALTMANN, Hans Christian: Überzeugungskraft durch sichere Rede – Verhandlungs- und Konferenztechnik
Weka-Verlag 1979

BONGARDT, Hans: Erfolgs-Leitsätze der Verhandlungs-Taktiken
Hans-Bongardt-Verlag 1973

BORMAN – HOWELL NICHOLS – SHAPIRO: Die neuen Techniken der Kommunikation
Verlag moderne industrie 1974

CLARK, Charles: Brainstorming
Verlag moderne industrie 1973

EBELING, Peter: Reden ohne Lampenfieber
Verlag moderne industrie 1979

EBELING, Peter: 100 Tips für Verkäufer
Verlag moderne industrie 1978

ELERTSEN, Heinz: Moderne Rhetorik
Sauer Verlag 1972

GEHNER, Carl: Die Kunst des Verhandelns
Sauer Verlag 1972

GOOSENS, Franz: Konferenz- und Verhandlungstechniken
Heyne Verlag 1974

KIRCHNER, Baldur: Dialektische Rhetorik
Heyne Verlag 1974

KOPPERSCHMIDT, Josef: Argumentation, Teil II
Kohlhammer Verlag 1980

KOPPERSCHMIDT, Josef: Rhetorik
Kohlhammer Verlag 1973

KORFF, Ernst: Redetechnik als Führungsmittel
Verlag moderne industrie 1967

LAY, Rupert: Dialektik für Manager
Wirtschaftsverlag Langen-Müller 1980

LAY, Rupert: Führen durch das Wort
Wirtschaftsverlag Langen-Müller 1978

LAY, Rupert: Krisen und Konflikte
Wirtschaftsverlag Langen-Müller 1980

LAY, Rupert: Meditationstechniken für Manager
Rowohlt-Verlag 1979
LEMMERMANN, Heinz: Lehrbuch der Rhetorik
Goldmann Verlag 1979
MALETZKE, Gerhard: Psychologie der Massenkommunikation
Bredow Verlag 1963
NIERENBERG, Gerhard: Verhandlungstraining
Heyne Verlag 1975
NIX, Udo: Der mystische Wortschatz Meister Eckharts im Licht der energetischen Sprachbetrachtung
Schwann Verlag 1963
NORMANN, Reinhard v.: Treffend argumentieren
Ott Verlag 1977
O'REILLY, Robert: Das persönliche Erfolgsprogramm
Verlag moderne industrie 1974
SCANLAN, Burt: Erfolgreiche Mitarbeitermotivierung
Verlag moderne industrie 1973
SCHNEIDER, Erwin: Überzeugen durch das Wort
Weka-Verlag 1981
SCHWEINSBERG, Fritz: Stimmliche Ausdrucksgestaltung im Dienste der Kirche
Kerle Verlag 1946
SEIFFERT, Helmut: Information über die Information
Beck Verlag 1970
STEWART, Nathaniel: Moderne Führungstechnik
Verlag moderne industrie 1974
UEDING, Gert: Einführung in die Rhetorik
Metzler Verlag 1976
WELLER, Maximilian: Das Buch der Redekunst
Econ Verlag 1958 und
Goldmann Verlag
WELLER, Maximilian: Die schlagfertige Antwort
Lübbe Verlag 1973
WELLER, Maximilian: Ich bitte ums Wort
Econ Verlag 1960
WINKLER, Christian: Deutsche Sprachkunde und Sprecherziehung
Schwann Verlag 1954

Stichwortverzeichnis